Instagram

白李のInstagramでは
最新情報を
発信しています

Take-out

テークアウト・
デリバリーの
注文はこちらから

こだわりのメニューをリーズナブルな価格で。タレは脂身もさっぱりと食べられる“あっさり”とご飯によく合う“甘辛”の2種類を用意している。肉の種類や部位によってお好みで使いわけて。肉に合うお酒も各種取りそろえている他、新たにお持ち帰り専門店も誕生。

白李 本店

082-296-2995
住広島市西区南観音7-16-18
営17:00～23:00 (LO22:15)／日曜、祝日 11:30～23:00 (LO22:15)

白李 庚午店

082-271-8929
住広島市西区庚午北4-6-22 庚午田中ビル2F
営17:00～23:00(LO22:15)／日曜、祝日12:00～23:00

白李 西原店

082-846-1250
住広島市安佐南区西原7-12-27
営17:00～23:00(LO22:15)
休月曜(祝日の場合営業)

白李 じぞう通り店

082-241-1129
住広島市中区小町8-3
営17:00～23:00 (LO22:15)
休不定　席55席　P無

白李 本通店

082-240-8829
住広島市中区紙屋町2-3-21-1F
営17:00～23:00(LO22:15)／土・日曜、祝日11:30～15:00(LO14:30)、17:00～23:00(LO22:15)

白李 堀川店

082-569-5229
住広島市中区堀川町3-17-2F3F
営18:00～23:00 (LO22:15)

HIROSHIMA A GOURMET
広島エースグルメ2022

CONTENTS

表紙撮影：福角智江

ジャンル別ガイド

本誌の見方

営業時間や定休日などお店によって違うので、訪れる前に要チェック！

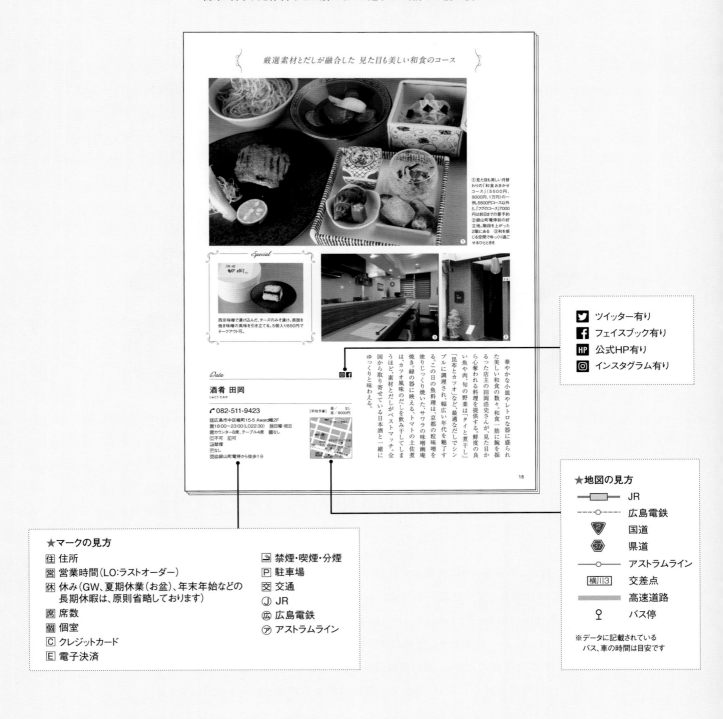

厳選素材とだしが融合した 見た目も美しい和食のコース

①見た目も美しい月替わりの「和食おまかせコース」（5500円、8000円、1万円）の一例。5500円コース以外と、「フグのコース」7000円は前日までの要予約 ②銀山町電停前の好立地。階段を上がった2階にある ③和を感じる空間でゆっくり過ごせるひとときを

Special

西京味噌で漬け込んだ、チーズのみそ漬け。表面を焼き味噌の風味を引き立てる。5個入り850円でテークアウト可。

華やかな小皿やレトロな器に盛られた美しい和食の数々。和食一筋に腕を振るった店主の田岡浩史さんが、見た目から心奪われる料理を提供する。鮮度の良い魚や肉、旬の野菜は「タイと煮干し」「昆布とカツオ」など、最適なだしでシンプルに調理され、幅広い年代を魅了する。この日の魚料理は、京都の粒味噌を塗りじっくり焼いた、サワラの味噌幽庵焼き。緑の器に映える、トマトの土佐煮は、カツオ風味のだしを飲み干してしまうほど、素材とだしがベストマッチ。全国から取り寄せている日本酒と一緒にゆっくりと味わえる。

Data

酒肴 田岡
しゅこう たおか

082-511-9423
[平均予算] 昼／なし 夜／8000円

住広島市中区幟町15-5 Award幟2F
営18:00～23:00（LO22:30） 休日曜・祝日
席カウンター8席、テーブル4席 個なし
C不可 E可
禁煙
Pなし
交広銀山町電停から徒歩1分

18

ツイッター有り
フェイスブック有り
HP 公式HP有り
インスタグラム有り

★地図の見方

- JR
- 広島電鉄
- 国道
- 県道
- アストラムライン
- 横川3 交差点
- 高速道路
- バス停

※データに記載されているバス、車の時間は目安です

★マークの見方

- 住 住所
- 営 営業時間（LO:ラストオーダー）
- 休 休み（GW、夏期休業（お盆）、年末年始などの長期休暇は、原則省略しております）
- 席 席数
- 個 個室
- C クレジットカード
- E 電子決済
- 禁煙・喫煙・分煙
- P 駐車場
- 交 交通
- Ｊ JR
- 広 広島電鉄
- ア アストラムライン

コロナウイルスの影響により、営業時間や座席数に変更がある場合があります。
詳しくは各店舗にお問い合わせください。

※本誌に掲載されているものは2021年11月15日現在のものです。紹介店舗の価格や内容、データなどの変更のほか、季節により掲載商品の取り扱いがない場合がありますので、ご注意ください。
※表記されている値段は税込み価格です。

おいしく SDGs

持続可能な社会のために
飲食店が取り組んでいること

ここ数年、毎日のように見聞きするようになった「SDGs（エスディージーズ）」は、
国連で「2030年までに持続可能でよりよい世界を目指す国際目標」として掲げられた
「Sustainable Development Goals（持続可能な開発目標）」の略です。
飲食店も、食品ロスや稀少な食材の保護など、
未来の地球環境保全のために、避けては通ることのできないさまざまな問題を抱えています。
持続可能な社会に向け、率先した広島の飲食店の取り組みを紹介します。

Work on SDGs

01 レストランだからできる持続可能な食と農の支援

restaurant beの取り組み

02 思いやりから生まれる使う選択、使わない選択

料理屋 そうびきの取り組み

03 新たな養殖で未来へつなぐ伝統文化と絶滅危惧種

鮨 稲穂の取り組み

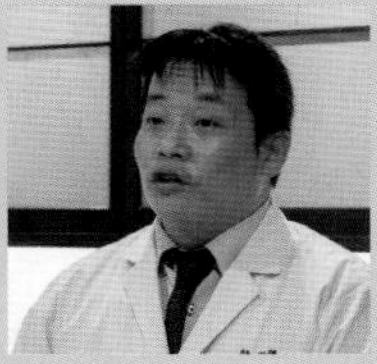

04 食品ロスをリサイクル循環農業で育む安全な野菜

瀬戸内味覚処 芸州本店の取り組み

restaurant be's commitment to SDGs

01

restaurant be の取り組み

レストランだからできる持続可能な食と農の支援

並木通り沿いのビル2階に位置する『restaurant be』は、2010年、安芸高田市『まごやさい』で作られる野菜のおいしさをもっと知ってほしいとスタートした。まごやさいは、広島の飲食店やホテルなどに野菜を直接届ける農家集団。参加農家は100以上にのぼり、「子や孫、家族のために作る野菜を皆様にも」という思いのもと、自然農法の野菜を生産している。農家自身が食べることを前提としており、作られる野菜は少量多品目。露地栽培が中心で、旬の珍しいものがさまざまにそろう。

2015年に同店のシェフに就任した石田詠司さんは、店の魅力は地産地消にあると語る。石田さんが就任した当時、野菜はほぼまごやさいのものだったが、肉魚は各地から取り寄せていた。しかし、地場食材の使用が広島の食と農を支える礎となること、何より輸送距離の近い地元の素材は新鮮でおいしいことから、数年前よりほぼ100%地産地消の店へと舵を切った。「瀬戸内産の豊かな魚介類に加え、肉であれば峠下牛や比婆牛、廣島赤鶏、瀬戸内六穀豚など、県内のブランドも多彩にあります」と地場食材の魅力を教えてくれる。

生産者が手塩にかけて育む食材を余すところなく使いたいと、店ではフードロスにも注力し、捨てられることの多いエビの殻や魚の骨からスープを、スジ肉やくず肉はソースに用いる。リーガロイヤルホテルで17年半シェフを務めた石田さんは、「食材を無駄なく使えるのはレストランの強み」と話す。予約が入った客の好みやアレルギーを聞き、それぞれのテーブルの料理に合わせ食材を使い切る。その日仕入れたものをうまく使いこなしながら客を心から満足させられるのは、経験と技術を持つ石田さんだからこそなせる業だ。

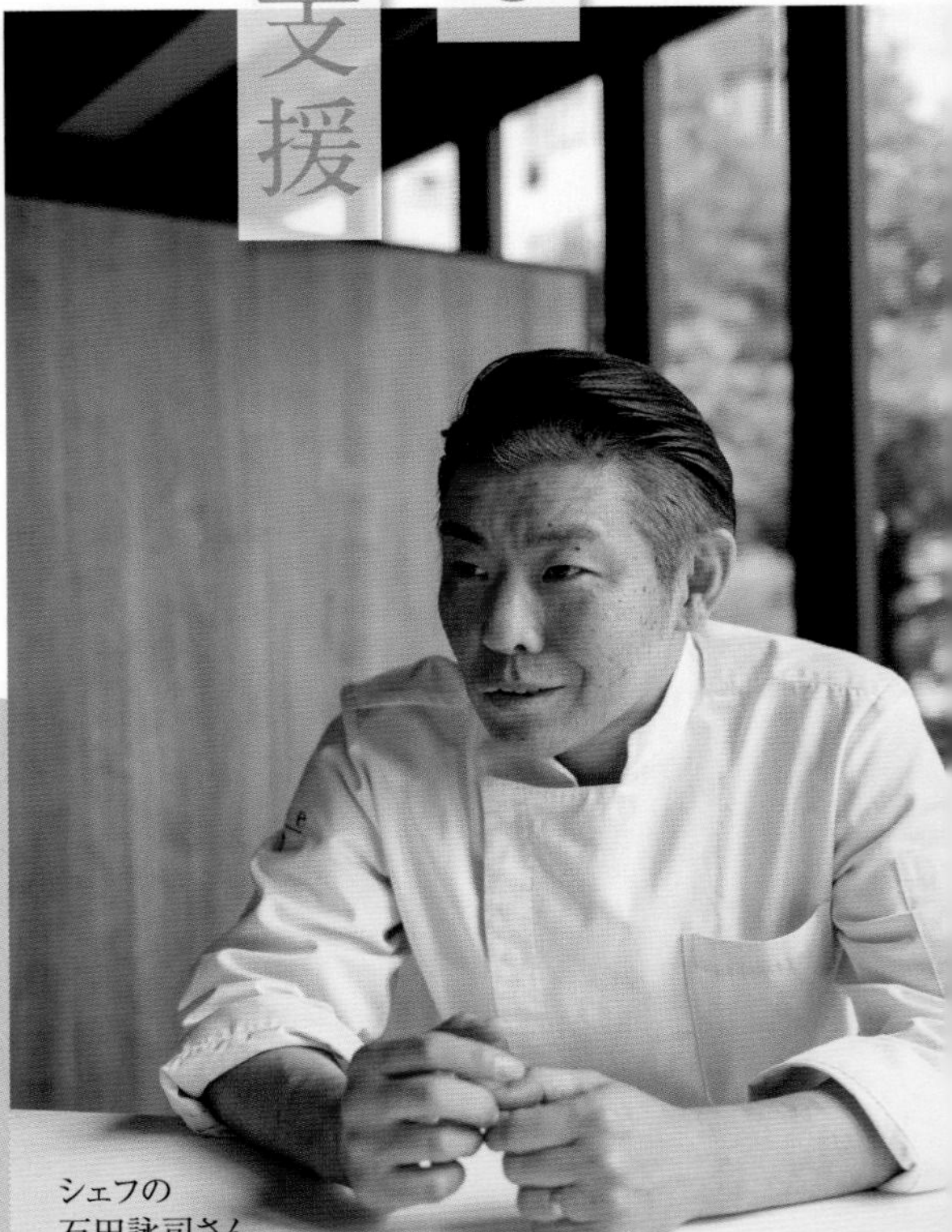

シェフの石田詠司さん

あやめ雪かぶや島かぼちゃなど珍しい野菜も。写真はすべて「まごやさい」のもの。魚介類は仕入れたその日に必ず下処理をほどこす

コース前菜の一例。廣島赤鶏ともみじ豚女鹿平キノコのテリーヌ、ヒラメのマリネ瀬戸田のレモンクーリー、瀬戸六穀豚ひれ肉のコンフィまごやさい農園のピクルス添え

「地元のものがおいしいと知ってもらえたら、それが農家さんを支えることになるんじゃないかと思います。レストランは生産者さんの広告塔であるべきです」と、店では料理名に生産地や生産者の名をできるだけ記すようにし、広島の食と農の素晴らしさを発信し続けている。また、イギリスに本部がある『日本サステイナブル・レストラン協会』の加盟店でもあり、ＳＤＧｓに基づいた多様な取り組みを展開する。「電力はCO_2を排出しない１００％自然電力の会社と契約していますし、廃棄物の管理も徹底しています」と、レストランが取り組める可能性を示した。

「食材の使い切りやパッケージのリサイクルは家庭でもできることなので、ぜひ取り入れてもらえたらうれしいですね」と石田さん。私たち一人一人が今からでも取り組めることを、実感のこもった笑顔で教えてくれた。

れすとらん　びー
restaurant be

住 広島市中区三川町6-15 並川ビル2F
☎ 082-247-1260
営 11:30～14:30（LO13:00）、
18:00～23:00（LO21:00）
※土・日曜は11:30～16:00（LO14:00）
18:00～23:00（LO21:00）
休 なし
交 ⑮ 八丁堀電停から徒歩7分

「レストランは生産者さんの広告塔であるべきです」

 text by 浅井ゆかり／photo by 西田英俊

ryoriya soubiki's commitment to SDGs

02

料理屋　そうびき の取り組み

思いやりから生まれる使う選択、使わない選択

サステナビリティを心がけている飲食店は随分増えたが、ここ『料理屋　そうびき』も当初よりその点に着目してきた。オープンの経緯は、日本三大酒処という土地柄でありながら、「西条には日本酒に合う日本料理屋が少ない」という周囲の声を耳にしたから。「脈々と受け継がれてきたこの土地の『酒』という文化を、同じく伝統ある日本料理で一緒に表現したいんです」と、店主の惣引保允さんは話す。

　料理に使う材料は各地から選び抜いた素晴らしいものばかり。しかし、惣引さんには「使わない」と決めている素材がある。それはクロマグロやマツタケ、ニホンウナギといった絶滅危惧種に指定されている食材だ。「もちろん需要はあるけれど、希少性から価格が高騰し、さらに需要が高まり……という悪循環に納得がいかなくて。乱獲をやめれば、数年もたてば自然界のあるべき数に戻ると聞いたことがあります」とその理由を話す。客の心と舌を調理の技術で満たすことは可能で、たとえば、使用をやめたものの一つであるスッポンであれば、同じくコラーゲン豊富な牛テールを煮込んでスープにし、身はフカヒレで代用する。全く同じ食材でなくても、満足できる味は出せるのだそうだ。

　また、使わない選択をした食材とは逆に、「使う」と決めた食材もある。それが庄原市で生産されている比婆牛だ。比婆牛は日本最古の和牛ともいわれる「岩倉蔓」を祖に持つ、3等級以上の広島ブランド牛。生産頭数が非常に少なく、入手できる飲食店は限られている。畜産農家の減少は全国各地で問題となっているが広島も例外ではない。由緒ある和牛の継承を絶やさないために、生産者を支援できればと、入手できるタイミングがあればどんなに高値でも購入する。使うということに意味を見出し

希少な比婆牛は網目状の脂肪である小ザシが入り軟らかくうま味が強い。県外の常連客から「仕入れたら連絡がほしい」と言われるほど

店主の惣引保允さん

伝統を重んじて作られる料理は歳時風情を盛り込んで。器や盛り付けから四季の移ろいが感じられる。料理にはすべて『賀茂鶴酒造』の仕込み水を使用しており酒との相性が良い

ているのは特定の食材ばかりではない。コロナ禍で飲食業界全体が停滞していた際も、同店では仕入れをストップしなかった。「全部の飲食店が仕入れをやめれば、中間業者が落ち込み、ひいては生産者に影響します。仕入れた食材はテークアウト商品に使ったり、暇になった時間で試作品を作ったりしていたので無駄にはなりませんでしたよ」と話す。

惣引さんは「使う」「使わない」を、見事に徹底している。その姿勢には「自分だけ良ければいいというのではダメ。皆で共存共栄していこう」という気持ちがのぞく。「誰ひとり取り残さないことを目指し、世界で一丸となって達成すべき目標」であるSDGsが、しっかりと息づいている。

料理屋（りょうりや）　そうびき

住 東広島市西条岡町10-24 第10内海ビル3F
☎ 080-1645-3185
営 18:00～22:00
※土曜12:00～14:30、18:00～22:00、日曜12:00～14:30
休 月曜
交 Ⓙ西条駅から徒歩10分

「全く同じ食材でなくても満足できる味は出せます」

 text by 浅井ゆかり／photo by 西田英俊

sushi inaho's commitment to SDGs

03

鮨　稲穂の取り組み

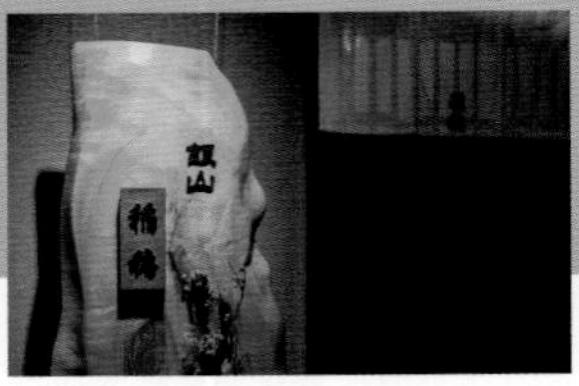

新たな養殖で未来へつなぐ伝統文化と絶滅危惧種

主に広島県産の食材を使用し、食材にひと手間を加えた熟成鮨で食通たちの舌を唸らせる『鮨　稲穂』。2年ほど前、鮨種などに使用するウナギを、ニホンウナギから東広島市黒瀬の『勝梅園』が養殖する「黒瀬のクロウナギ」に切り替えた。これは主に東南アジアに生息する比較的資源量が豊富なビカーラ種というウナギの一種で、勝梅園では、絶滅危惧種に指定され、高騰するニホンウナギの安定供給と資源保護の観点から、代替となるビカーラ種の幼魚を輸入して育てている。

稲穂店主の三原美穂さんは、勝梅園の想いに共感して、このウナギを扱うことを決めた。「勝梅園さんのウナギは、水やエサなど、きちんと整備された環境の中で育てられています。泥臭さはなく、脂の乗りも申し分ない。好みはあると思いますが、味もニホンウナギと遜色ありません」と評価する。

また、三原さんは日本に根付いてきたウナギ文化を守ることは、料理人としての使命だと語る。「ニホンウナギの絶滅が危惧されているから、ウナギ自体を食べないというのは違うと思います。日本人が守ってきたウナギを食すという文化を根絶やすわけにはいきません。比較的安価な違う種があることで、一般の消費者にも食べてもらう機会ができる。伝統を継承しながら、時代の変化に合わせて新しい文化、新しい種類を取り入れていくのも今の料理人の使命だと思っています。それに、別のウナギを使うことで、在来種のニホンウナギが増えていくのなら、一石二鳥ですね」。

さらに、2021年11月にオープンしたばかりの勝梅園が直営するウナギ料理店へは、料理指導にも赴いているという。これは、自らの技術を伝えることで、より多くの人

勝梅園から直送される「黒瀬のクロウナギ」。体が黒いことから命名された。黒瀬の地下水で、一年かけて育てられる

店主の三原美穂さん

独自の技法で3日熟成させ調理されたうな重。ランチ限定のウナギ御膳6000円に登場し、ウナギ1匹丸っと食べられる。白焼きして蒸している。（前日までの要予約）

にウナギを食べてもらいたいとの思いからだ。「ウナギは特殊な食材で、扱うには職人の技術が必要です。ウナギを扱う技術が広がれば、ウナギを扱う店が増えます。

もっと言えば、技術を持った人たちが下処理の加工までを担って他の店に卸すというシステムができれば、よりウナギを食べる機会は増えます。また、ウナギに限りませんが、うちが黒瀬のウナギのような広島にある素晴らしい食材を扱うことで存在を発信していくことができれば、広島のブランディングや町おこし的なものになり、地域の活性化にもつながっていくと思います」。

種を守ることと、受け継がれてきた文化を守り継承していくこととの両立が、別の種に目を向けることによって可能になった。ニホンウナギの生息数が回復し、日本人が変わらずウナギを楽しんでいる。そんな2030年を目指す。

すし いなほ
鮨 稲穂

🏠 広島市中区銀山町11-11 スコッチ館銀山3F
📞 082-545-5458
🕐 12:00〜14:00、18:00〜23:00
休 月曜
🚃 広銀山町電停から徒歩5分

「 日本人が守ってきた文化を
絶やすわけにはいきません 」

setouchimikakudokoro geisyu's commitment to SDGs

04

瀬戸内味覚処
芸州本店
の取り組み

食品ロスをリサイクル 循環農業で育む安全な野菜

広島市中区の本通り近くにある「ひろしま国際ホテル」の屋上で、野菜が栽培されていることを知る人は少ない。この野菜は、ホテルの2階にある創業50年を超える和食の老舗『芸州本店』で料理長を務める、名越孝明さんが手掛けているものだ。

ランチで人気の「美・彩かご膳」には、10種前後の新鮮な野菜が使われているが、実は、美・彩かご膳をはじめ、店で使用する野菜のほとんどは、名越料理長が栽培している。廿日市市の山々に囲まれた標高300メートルの場所には、「名越農園」と名付けられた2000坪以上の広大な畑が広がり、年間100種以上の野菜や果樹が育てられている。屋上で栽培されているのはその一部だ。

料理長の名越孝明さん

この農園では、芸州本店をはじめ、同じ東洋観光グループに属するホテルや旅館、飲食店から出る食品廃棄物を、グループのエコ事業である『北広島エコファクトリー』が100%リサイクルして作った堆肥を使用している。水分の多い生ごみを焼却処理すれば二酸化炭素を排出するなど環境にも悪影響を及ぼすが、この方法なら廃棄処理時の環境負荷を軽減することができる。食べ残しや余剰の食材など、どうしても発生してしまう食品の廃棄物を無駄にせず、さまざまな食材が含まれた栄養豊富で良質な堆肥に生まれ変わらせることで、環境に配慮した循環型の農業を実践し、さらに安心安全な食の提供を実現している。

「もともとは趣味程度に作っていましたが、環境にやさしいシステムがあることを知り、その技術を生かして、お客様に自分が

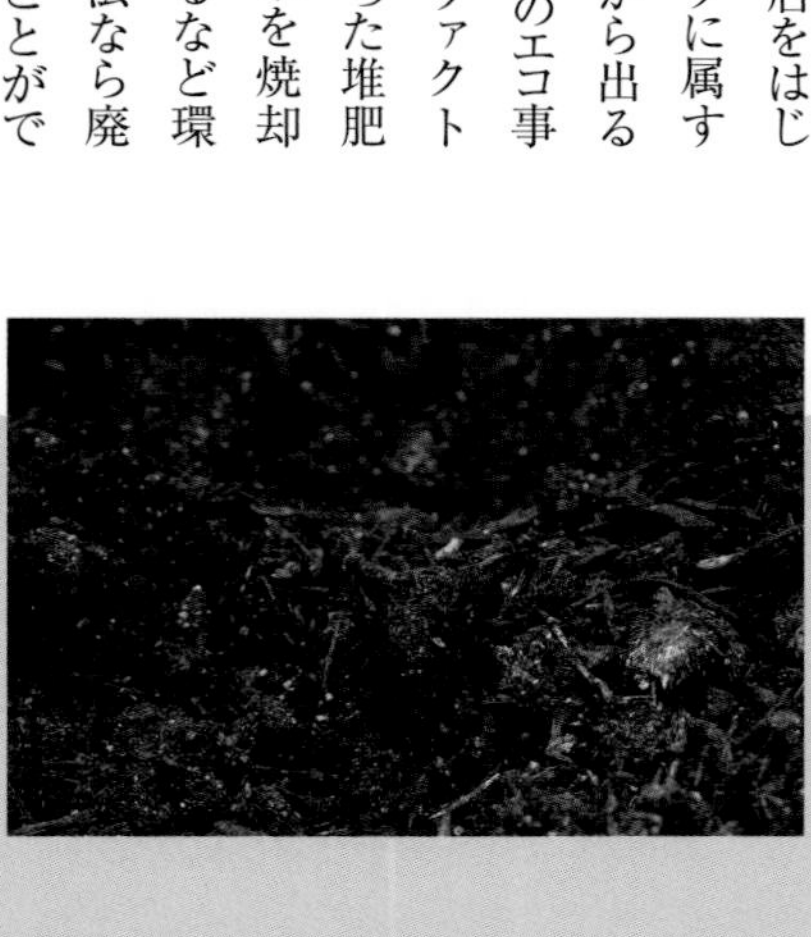

北広島エコファクトリーで作られた、食品廃棄物などを活用した栄養豊富な堆肥

名越農園の恵みがギュッと詰まった、ランチ限定の美・彩かご膳1650円。季節感を演出する紅葉や柿の葉、南天などの敷葉も農園で取れたもの。事前予約がおすすめ

作った野菜を食べていただきたいと、少しずつ畑を広げていきました。安心安全でおいしい野菜作りは、良い土壌を作ることから始まります。土の質が変われば育つ野菜の質も変わるので、たとえブランド品種であっても土地に恵まれていなければ、その価値は変わってしまいます」と名越料理長。化学肥料は人体だけでなく、自然界の生態系を崩したり環境への汚染にも影響を及ぼす可能性がある。化学物質を排除した土壌作りは、良質でおいしい作物を育むと同時に、自然環境を守ることにもつながっている。

また、使用する野菜を計画的に育てることで過剰な食材を抱えることを避けたり、成育状況に応じたメニューを作ることができ、食品ロスの削減効果も生まれる。さらに、「自分が育てた野菜を使うことで、食材を余すことなく使おうという意識が一層高まりますし、お客様も私の顔が見えることで、安心して残さず食べてくださっているように感じます」と、名越料理長は笑顔を見せた。

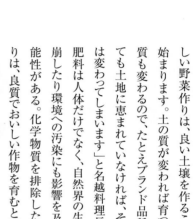

せとうちみかくどころ　げいしゅう ほんてん

瀬戸内味覚処 芸州本店

住 広島市中区立町3-13 ひろしま国際ホテル2F
☎ 082-248-2558
営 月曜～土曜 11:00～14:30 17:00～22:00（LO 21:00）
日曜・祝日 11:00～14:30 17:00～21:30（LO 20:30）
休 火曜
交 ㊫立町電停から徒歩2分

「おいしい野菜作りは安心安全な土壌を作ることから始まります」

 photo by 西田英俊

HIROSHIMA GOURMET

ジャンル別ガイド

HIROSHIMA GOURMET 広島Aグルメ

県内の飲食店を24のジャンルに分けてご紹介。最高級食材を熟練の技で調理し、おもてなしとともに提供する店から、こぢんまりとした店構えで安い・早い・うまいをモットーにする店まで、その形はさまざま。多彩なスタイルの"食"をお楽しみください。

肉料理

P66

フレンチ

P40

日本料理・会席料理

P16

洋食

P72

中国料理

P46

和食・和創作料理

P22

居酒屋

P78

各国料理

P52

寿司

P28

焼き鳥

P84

焼肉

P58

イタリアン

P34

パン

P140

食堂・定食

P116

ワイン居酒屋&ワインバー

P90

洋菓子

P146

そば・うどん

P122

バー

P96

和菓子

P152

ラーメン

P128

お好み焼

P102

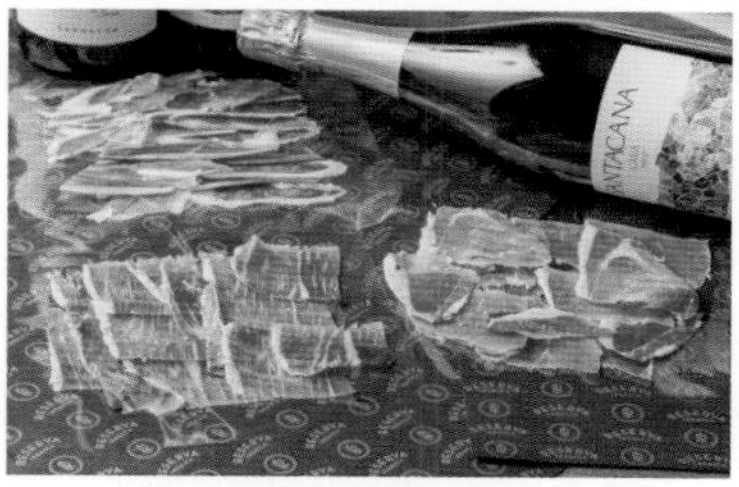

テークアウト

P158

カフェ

P134

カレー

P108

気になるグルメが
たくさん!

日本料理
会席料理

お客様の顔を思い浮かべて
季節が彩る心尽くしの
おもてなし

世界が認めた匠の手仕事で歳時を愉しみ本物の粋を知る

国内外の権威あるグルメアワードに幾度もノミネートされている、日本料理界を代表する名店。過去にはフランスで開催する、世界のレストランランキングに選ばれた実績を持つほど。厳選した昆布と鰹で丁寧に引くだし、食材の繊維を見ながら入れる包丁さばきなど、基本を徹底し365日料理と向き合っている。瀬戸内の旬の魚介ほか、地元でしか採れない在来野菜や由緒あるブランド和牛にも光を当てており、広島食材への深い愛情が感じられる。品々の装いはため息が出るほど美しく、「卓上に歳時を盛り込む」という言葉通り四季の情緒を繊細に表現。コースは必ず炊き立てのご飯と旬菜の炊き合わせ、自家製ぬか漬けで終えるのも古き良き粋な趣向だ。

①広島を中心に中国五県の食材を多彩に用いる。ハマボウフウやフィンガーライムなど珍しい素材もいち早く採用　②店の前は打ち水がされた清らかな空間。京の芸妓の団扇が華やかさを添える　③店主との会話も弾むカウンター席。季節の生け花や掛け軸が店内を雅やかに彩る

Special

歴史ある割烹旅館に生まれ、その後関西で料理修業を積んだ店主の北岡三千男さん。「料理のことしか考えてこなかった」という言葉が重みを持つ。

コース 1万2100円～（カウンター席の場合）

月替わりのコースの一例。広島レモンが器のお造り9種、祇園パセリの牡蠣フライ、比婆牛の酢味噌がけなど。椀物は鱧と小松菜の葛豆腐。輪島塗や京塗が美しさを引き立てる

Data

日本料理　**喜多丘**
にほんりょうり　きたおか

082-227-6166

［平均予算］昼／1万3000円
夜／1万7000円

住広島市東区牛田本町3-2-20 牛田グランドハイツB1F
営11:30～14:00、17:00～22:00 ※完全予約制
休日曜・祝日
席カウンター6席、座敷27席
個4名用1室、6名用1室、15名用1室
C可　E不可　禁煙　Pなし
交牛田本町バス停から徒歩2分

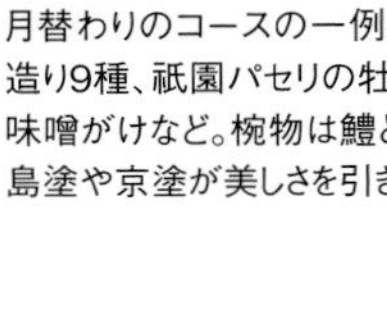

厳選素材とだしが融合した 見た目も美しい和食のコース

① 見た目も美しい月替わりの「和食おまかせコース」（5500円、8000円、1万円）の一例。5500円コース以外と、「フグのコース」7000円は前日までの要予約　② 銀山町電停前の好立地。階段を上がった2階にある　③ 和を感じる空間でゆっくり過ごせるひとときを

Special

西京味噌で漬け込んだ、チーズのみそ漬け。表面を焼き味噌の風味を引き立てる。5個入り850円でテークアウト可。

華やかな小皿やレトロな器に盛られた美しい和食の数々。和食一筋に腕を振るった店主の田岡浩史さんが、見た目から心奪われる料理を提供する。鮮度の良い魚や肉、旬の野菜は「タイと煮干し」「昆布とカツオ」など、最適なだしでシンプルに調理され、幅広い年代を魅了する。この日の魚料理は、京都の粒味噌を塗りじっくり焼いた、サワラの味噌幽庵焼き。緑の器に映える、トマトの土佐煮は、カツオ風味のだしを飲み干してしまうほど、素材とだしがベストマッチ。全国から取り寄せている日本酒と一緒にゆっくりと味わえる。

Data

酒肴 田岡
しゅこう たおか

082-511-9423

［平均予算］ 昼／ なし　夜／ 8000円

住 広島市中区幟町15-5 Award幟2F
営 18:00〜23:00（LO22:30）　休 日曜・祝日
席 カウンター8席、テーブル4席　個 なし
C 不可　E 可
禁煙
P なし
交 広 銀山町電停から徒歩1分

手の込んだ日本料理とソムリエ推奨の日本ワインで乾杯

①料理を引き立てる器も目を引くカキとアナゴのとっくり蒸し1720円と、牛レバーの低温調理1650円　②白と黒を基調とした和の佇まい。入り口はスロープになっていて、車いすの人も入店可能なのがうれしい　③落ち着いた雰囲気の個室を9部屋用意

Special

ソムリエでもある店長が「和食と相性の良い日本ワインを」と、山梨、北海道、長野、広島産の日本ワインを提供する（ボトルのみ）。

手間暇かけた日本料理の数々を、ランチ、アラカルト、コース仕立てで堪能できる店。カキとアナゴのとっくり蒸しは、珍しいとっくり型の器に入って提供される。ポン酢の入った盃を開けると、手作り豆腐の上に、大きなカキがごろっとのっている。アツアツの豆腐をすくうと、底には甘めに煮たアナゴが入っており、料理人の工夫に驚かされる蒸したての海の幸を、ポン酢と薬味で味わう。絶妙な温度で低温調理された牛レバーは、焼きと刺身の中間のしっとりとした食感がたまらない。料理人の技術が光る一品をゆっくりと堪能できる。

Data　HP

まめ福

まめふく

☎082-228-4141

［平均予算］昼／2000円　夜／1万円

住 広島市中区鉄砲町4-10
営 11:30～14:00（LO13:30）、17:30～23:00（LO22:00）　休 日曜 ※祝日の場合は翌日休み
席 カウンター4席　個 4名用8室、2名用1室
C 可　E 不可　禁煙
P なし
交 広 胡町電停から徒歩3分

丁寧に仕込む職人の技が光る　天然のトラフグ料理に舌鼓

①フグちりとフグ刺しのコース1万1000円は、北海道産の天然昆布で取っただしが美味。ほかにも唐揚げや焼きなどフグ尽くし。予算に合わせコースを組んでくれる　②店を構えて26年目という大将が営む　③大将との会話も楽しみながら食事ができる

Special

新鮮なトラフグの白子は、軍艦巻きや焼き、天ぷら、グラタンなどに調理される。とろりと濃厚な白子料理の品々はどれも日本酒との相性が抜群。

はえなわ漁で獲れた瀬戸内海産のトラフグを使う、ぜいたくなフグ料理が味わえる。素材の味を大切にしたいと、フグが旬を迎える9月のお彼岸明けから3月末までの期間を区切って提供。時間をかけて一匹ずつ丁寧にさばいていき、なかでも天然のフグ刺しは、コリッとした独特の歯応えが楽しい逸品。添えられるポン酢はフグのシーズン前、旬を迎えた香り高いカボスを使って仕込んだもので、丸みのある酸味が、フグの甘みを一層引き立ててくれる名脇役だ。春から夏は、アユやハモといった旬の鮮魚を使ったメニューが登場するのも魅力的。

Data

魚処　清久
うおどころ　きよひさ

☎082-224-2915

［平均予算］　昼／なし　夜／1万1000円

住広島市中区幟町10-16 シゲタカビル1F
営17:30～22:30（LO21:00）　休月曜
席カウンター8席、座敷15席　個8～15名用1室
C可　E可
禁煙
Pなし
交広銀山町電停から徒歩3分

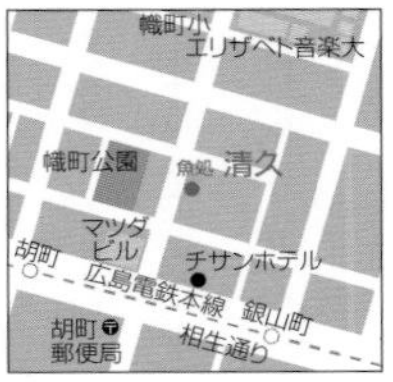

有名食通のアドバイスを取り入れ良質素材の料理を振る舞う

①おまかせコース2500円。もなかにのせたポテトサラダ自家製小イワシのオイルサーディンとドライトマト添え、シマアジの炙りのお造りなど、全10品。季節食材たっぷりの品々がそろう　②カウンターのみの店内は貸し切り利用も可　③鮮やかなオレンジ色ののれんが目印

Special

『ふぁーむbuffo』の平飼い鶏は米や大豆などの飼料で180日間かけて育てられている。雄はジビエのような味わい、雌は軟らかい脂が特徴。

「良質な素材を生かすこと」をテーマに2種のコースを用意。旬の野菜や魚、北広島町『ふぁーむｂｕｆｆｏ』の平飼い鶏を用いたメニューを提供している。素材は手をかけ過ぎることなく、煮る、焼く、和えるとシンプルに調理され、なかでもうま味が凝縮した熟成魚は必食の逸品だ。和食が引き立つ地酒や、タップから注ぐクラフトビールと相性が良い。店のコンセプトは、広島の有名グルメサイト『快食．ｃｏｍ』を運営するシャオヘイさんのアドバイスを取り入れている。不定期で食に関するイベントも開催しているのでチェックを。

Data

快食　ようすけ
かいしょく　ようすけ

☎070-2633-0849

[平均予算]　昼／　なし　夜／　4500円

住 広島市中区白島北町16-25
営 17:00～22:00(LO21:30)　休 日曜・祝日
席 カウンター10席　個 なし
C 可　E 可
禁煙
P なし
交 Ｊ新白島駅から徒歩3分

HIROSHIMA A GOURMET

和食・和創作料理

だしの持つふくよかなうま味と
季節を愛する
日本人の心を味わう

食材を知り尽くし　職人技を凝縮させた料理の数々を食す

①場所によって温度が違う炭火を使い分けながら、直火でしっかりと焼き上げる。繰り返しタレに漬けることで、香ばしくタレがよく絡んだアナゴに仕上がる　②JR三良坂駅のすぐそば。店主自ら手書きした看板が目印　③昼の営業は1日1回転のため予約がおすすめ

瀬戸内海を航海する高級客船『ガンツウ』で副料理長を務めた福谷勉さんが、故郷で念願の店を構えた。高校時代のアルバイト先で魚のさばき方を教わり、料理の楽しさを知って以来、日本料理を極めようと名だたる店で修業を重ねてきた。そんな福谷さんが店を構えるにあたって、勝負をかけた食材が、宮島産の天然アナゴ。1匹200～250グラムと肉厚なアナゴを生きたまま仕入れ、丁寧に下処理を施す。炭火でじっくりと焼き上げたアナゴは、軟らかくも弾力があり、歯応えも良い。山間部の三次市で、これほどのアナゴが食べられるのは珍しい。夜はコース料理も用意し、初夏から秋はハモ、冬はフグとカキを使ったフルコースが楽しめる。

Special

鹿児島県産のうなぎ1尾を使った「うなぎ」4500円。焼いた後に蒸すことで、ふっくらと軟らかに。口の中でとろける食感を味わいたい。

Data

口福亭

こうふくてい

090-1353-5029

［平均予算］　昼／　4000円　夜／1万2000円

住 三次市三良坂町三良坂5043-8
営 12:00～14:00、18:00～ ※前日までの完全予約制
休 火・水曜
席 テーブル6席、堀りごたつ8席　個 なし
C 不可　E 不可　禁煙
P 4台
交 Ⓙ三良坂駅から徒歩10分

あなごめし 3500円

看板メニューのあなごめしをメーンに、刺身・小鉢・吸い物・香の物が付く。香の物まですべて手作り、手間暇がかかった料理に舌鼓を。食後にはデザート、コーヒーも用意

信頼の厚い生産者から調達した瀬戸内の食材が醸す和の極み

①お刺身単品880円～、盛り合わせ1人前2750円～(注文は2人前～)ほか。見た目も美しい八寸や殻付きカキ、ワタリガニなど、食材の持ち味を生かした料理が並ぶ　②昭和45年創業、老舗の味に舌鼓　③カウンター席では料理人との会話も楽しみの一つ

Special

うに飯2750円～(時期によって変更あり)、赤ウニは広島湾や周防大島産。産地が近いとミョウバンの使用を最低限にでき、ウニ本来の味が楽しめる。

大将自ら毎日市場に足を運び、海、山、川の漁師や農家など先代から長年築いてきた生産者とのネットワークを駆使して、生きの良い食材を調達。瀬戸内の幸を中心とした食材は必要最小限の下処理をしておき、できるだけ食材そのままの状態からさばいて作りたてを提供するよう心がける。壁にぎっしりと貼られた手書きメニューは日々貼り替えられ、季節の移ろいとともに替わりゆく料理のライブ感が伝わってくる。日本酒は地元産中心の食材で作る料理に合わせやすい銘柄を選び、本物の竹を使った竹酒1本3300円～も人気だ。

Data

笑福
しょうふく

082-247-8270

[平均予算]　昼／なし　夜／5000円

住 広島市中区堀川町4-8
営 17:00～24:00　休 日曜不定 ※連休中は営業
席 カウンター9席、テーブル10席、掘りごたつ14席
個 6～10名用1室、11～15名用1室
C 可　E 不可　分煙
P なし
交 広 八丁堀電停から徒歩3分

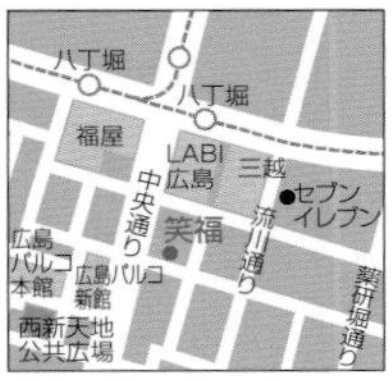

繊細な技術と季節表現を極めた目も舌も大満足の料理

①夜のコース料理、梅元（10品）8800円（10％のサービス料別）の一例。鮮度にこだわった刺身はタイ、本マグロ、水イカなどに、自家製ポン酢でいただく肝も付く。全国各地から厳選した日本酒と合わせて　②白いのれんを目印に　③畳敷きの個室もあり

Special

テークアウトの弁当も販売。梅元の玉手箱1万800円（2日前までの要予約）、上段には手まり寿司、下段には細やかな料理が並ぶ。日・祝日、月曜は休み。

日本料理店を営んでいた両親の元で育った、店主の梅元英行さん。日本料理の老舗『喜多丘』で修業し学んだ技術や文化を大切に、料理を提供している。コースの一品、神無月の八寸は、カブの酢漬けで作るサザンカやどんぐりに見立てた燻製うずらなど、卓上でも季節を感じられる工夫を施す。さらには、市松模様にあしらわれたサーモンや、キャビアを車エビで包み梅味の松葉を添えるなど細部にまで店主の技巧が光る。色彩やかで、絢爛華麗な料理はまるで芸術品のよう。夜は前日までの要予約で1日2組限定のため、予約はお早目に。

Data

日本料理　梅元

にほんりょうり　うめもと

☎082-246-3833

［平均予算］昼／3000円　夜／　1万円

住広島市中区流川町6-15
営12:00～14:00、火～土曜18:00～22:00（LO21:30）　休日・祝日
席カウンター4席、テーブル12席　個8名用1室
C可 ※夜のみ　E不可　禁煙
Pなし
交広胡町電停から徒歩7分

和の心が随所に宿る会席料理を個室でゆっくりと堪能

①おまかせ会席6100円。写真は秋の一例で、焼き茄子胡麻豆腐、勘八荒煮、豚ロース胡麻豆乳仕立など10品が並ぶ。米は三原市大和町で作った自社米(コシヒカリ)を使用　②和を感じるテーブルタイプの個室。ランチは1550円～　③趣ある外観

Special

さまざまなタイプの個室を用意。掘りごたつ席は、高級感漂うシックな佇まいでありながらも温かい雰囲気を演出。子ども連れにもおすすめ。

一皿一皿に旬を閉じ込めた、美しい会席料理が評判。素材と真摯に向き合って作られる料理は、季節感・味・盛り付け・器選びなど、すべてにおいて職人技が光る。注目は、広島の酒屋『酒商山田』から仕入れる日本酒のラインアップ。東広島市西条の地酒から全国の銘酒まで幅広く取りそろえ、酒好きを唸らせている。「メニュー表に載っていない裏メニューもあるので、気になる人は声をかけてくださいね」と女将の大嵜裕美さん。個室は2名から利用でき、デート、女子会、結納、七五三のお祝い、宴会など幅広いシーンで使うことができる。

Data

HP

憩いの料亭　白竜湖
いこいのりょうてい　はくりゅうこ

082-422-1919

[平均予算] 昼／2000円　夜／7500円

住東広島市西条岡町10-20 ホテルヴァン・コーネル3F
営11:00～14:30(LO14:00)、17:00～22:00(LO21:00)、日曜・祝日11:00～14:30(LO14:00)、17:00～21:00(LO20:00)　休水曜　席テーブル78席、座敷100席　個6名用1室、8名用3室、14名用1室、16名用1室　C可　E可　禁煙
P契約Pあり(割引あり)　交JR西条駅から徒歩8分

新鮮な海の幸からジビエまで地元食材を生かした多彩な料理

①紅茶鴨のしゃぶしゃぶ、1人前1100円、ウニ2200円、注文は2人前から。鉄分、ビタミンB群が豊富な鴨肉は、しゃぶしゃぶすることで味わいが増すウニと一緒にいただきたい ②大きな提灯と青いのれんが目印 ③木を基調とした落ち着ける空間が広がる店内

Special

仕入た鮮魚を本日のおすすめメニューに記載。お好みの魚を選び、和・洋・中さまざまな調理法から選べる。中華蒸しやアクアパッツアが人気。

瀬戸内産の鮮魚にこだわり、その日に届いた内容によってメニューやコースを組み立てているため、訪れるたびに新しい出合いがある店。魚は、自分自身で煮る、焼く、蒸す、揚げるなど、好きな調理法を選べるのもうれしい。一年を通して人気のしゃぶしゃぶは、メーンとなる具材に紅茶鴨、ウニ、キジと本日の鮮魚などが選べ、他にはない珍しいラインアップが特徴だ。春と夏は昆布とカツオから抽出しただしでさっぱりと。食材に脂がのってくる秋と冬は、広島県産のキノコなどを加えたコク深いだしで提供するなど季節を感じられる。

Data

せとうち料理　銀玉 舌悦

せとうちりょうり　ぎんたま たんえつ

☎082-246-2900

［平均予算］昼／2000円　夜／6000円

住 広島市中区三川町6-10
営 12:00～入店13:30（土・日曜・祝日のみ）、18:00～23:00　休 水曜 ※祝前日の場合は営業
席 座敷56席、カウンター6席　個 4名用5室、8名用2室、20名用1室　C 可　E 可　禁煙
P なし
交 広 袋町電停から徒歩4分

HIROSHIMA A GOURMET

寿司

脂ののった
瀬戸内のうまい魚が
職人技で贅を尽くした一貫に

常に新たな挑戦を通じて進化し続ける志高き寿司職人の技

店主の河合直樹さんは、熟練の寿司職人でありながらもさらなる向上を図るべく、コロナ禍の期間中を「自らが進化するチャンス」と、寿司に欠かせない酢について学び直した。「今まで蓄積した技術と知識を再度掘り出し、今の自分を上書きしていく作業をしていった」と振り返る。辿り着いたのが、シャリに使う酢をネタによって米酢と赤酢で使い分ける、この店ではこれまでになかったやり方。白身魚や貝類などすっきりした味わいのネタには米酢を、脂を多く含んだりクセの強い赤身魚や光り物などには赤酢を合わせる。この新しい試みは、今後店の大きな特徴になりそうだ。2022年には店内を全面改装予定ながら、全席カウンターの形式は今まで通りを貫いていく。

①コース一例。前菜は蒸しアワビの肝和え。ホタテとウニの組み合わせで、炙ったホタテの香りが食欲をそそる。焼物はノドグロの風干し。不要な水分を飛ばすことでノドグロのうま味を増幅　②和の情緒漂う佇まい　③アワビやエビ、穴子など鮮度が一目瞭然のネタ箱

Data

さかもと屋 市兵衛

さかもとや いちべえ

082-231-0833（完全予約制※当日でも空いていれば可）　［平均予算］昼／8000円　夜／1万3000円

住 広島市中区舟入中町3-36
営 12:00～14:00（入店は～13:00）、18:00～22:00（入店は～21:00）　休 木曜、祝日の月曜
席 カウンター最大10席　個 なし
C 可　E 不可　禁煙（喫煙スペースあり）
P 契約コインPあり
交 広 舟入町電停から徒歩1分

Special

「お客様をもてなす以上に自分の方が楽しんでいるのかも」という河合さんと会話を楽しみながら寿司を味わえるスタイルは、改装後も変わらない。

握り寿司 1万3200円コースの一部※価格変更の可能性あり

殻付きのまま炙って香りを身にまとわせた香ばしさが魅力の車エビの炙り、肝のソースがかかったサンマ、刻み塩ラッキョウをのせて食感も楽しいローストビーフなど、工夫を利かせた寿司が並ぶ

志和の小京都で日本庭園を愛でながらゆったりと食を楽しむ

①やま寿司定食2700円。其泉ブランド（有田焼）や備前焼など店主が目利きした器を使用。目にも華やかな料理が並ぶ　②重厚感のある飛騨家具やアンティークの小物が配置され落ち着いた雰囲気の店内　③大切に受け継がれてきた築80年以上の古民家

Special

門扉をくぐると出迎えてくれる見事な日本庭園。店主自ら日々の手入れをし客人をもてなしている。時を経て円熟期を迎えた庭は圧巻の見応え。

「志和の小京都」と呼ばれるほど趣のある日本庭園をもち、志和町で50年以上親しまれている店。旬のネタで握る寿司に、毛利食品の豆腐を使って作る名物の揚げ出し豆腐、小鉢、デザートがついた「やま寿司定食」が一番おすすめのメニュー。店の味を支えているのは、志和の山々の恵みが詰まった天然水だと店主の山本隆さんは語る。採水地を店が管理し、わざわざ敷地に引き入れている。その良質な水が素材のうま味を引き出しているそう。定食以外にも懐石料理（前日までの要予約）も提供し、記念日や特別な日を祝う席にも利用したい。

Data

やま寿司

やまずし

☎082-433-2272

［平均予算］昼／2000円　夜／2000円

住 東広島市志和町志和東4011-10
営 11:30〜15:00（LO14:00）、17:00〜21:00（LO20:00）※夜は完全予約制
休 月・火曜（月1回不定）※祝日の場合は翌日休み
席 テーブル38席　個 4名1室
C 不可　E 可　禁煙　P 20台
交 山陽自動車道道志和ICから車で約10分

寿司とイタリアンが融合した四季折々の料理をコースで堪能

①寿司をメーンに約20品の料理がそろう、夜の旬なおまかせコース8800円。瀬戸内と北陸の美食を堪能したい ②海を望むテーブル席もあり、宮島へ向かうフェリーを眺めながら優雅な時間を過ごせる ③入り口は灯篭の灯りに誘われた先に現れる

石川県に拠点を置く寿司店と提携し、北陸と瀬戸内の食材で寿司とイタリアンを融合させた料理を楽しめる店。北陸でしか食べられない白エビや瀬戸内のアナゴと、それぞれの旬が味わえる寿司をメーンに、前菜にはスープ、洋風の焼物やパスタと和洋折衷なメニューが並ぶ。「おいしいものを、少しずつ、たくさん」と約20品のコース料理は、九谷焼の色鮮やかで優美な器で提供され、広島にいながら小旅行に来たかのような気持ちにさせてくれる。料理に合わせたワインや日本酒も豊富にそろえているので、料理と共に楽しめる。

Special

特別な日を共に祝いたいという気持ちから、お祝いプレートや特製ケーキの用意にも対応している。記念日利用のときは気軽に相談したい。

Data

宮島鮨まいもん

みやじまずしまいもん

0829-20-5157

[平均予算] 昼／4000円　夜／1万円

住 廿日市市宮島口1-8-14 レアルマーレ望厳荘1F
営 11:00～14:00(LO13:30)、17:00～22:00(LO21:00)　休 水曜
席 カウンター8席、テーブル20席　個 6名用1室
C 可　E 可　禁煙
P 5台
交 J 宮島口駅から徒歩5分

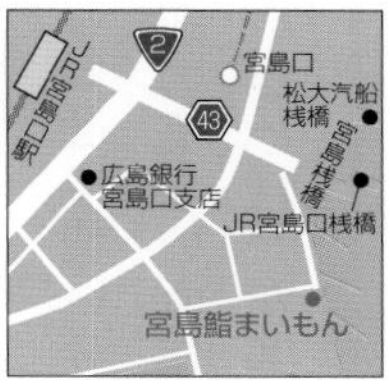

町家通りに静かに佇む　宮島で唯一の寿司専門店で上質な時間を

①おまかせ握り10貫コース5500円。ミスジを軽く炙った広島牛を含む全10貫。牡蠣汁や付き出しが付く7700円～のコースも用意　②宮島桟橋からほど近く　③風情ある中庭を眺めながら食事が楽しめる。一枚板の看板は先代から受け継いだ

Special

ネタはヒノキのケースに入れて管理。単品の寿司はおまかせのにぎりやコースが終了した後からケースを見ながら好みのものを選ぶことができる。

小さなのれんをくぐると細い路地のようなアプローチ。扉の奥には宮島在住の一級建築士・中本一哉氏による和モダンな空間が広がる。腕を振るうのは、佐伯区美鈴が丘で父が営んでいた『天扇鮨』で修業を積んだ中洲毅志さん。観光客が多く訪れる立地のため、できるだけ広島県産の魚介を仕入れる。シャリは赤酢を用いた江戸前寿司。白身にはすだち醤油、イカやエビには土佐醤油と、仕上げに塗る醤油はネタに合わせて使い分けている。完成までの一連の美しい所作は、あえてフラットに造ったというカウンター席でじっくりと堪能できる。

Data

宮島鮨　**天扇**
みやじますし　てんせん

0829-44-1233

［平均予算］昼／5000円　夜／7000円

住 廿日市市宮島町810-1
営 11:30～14:00（LO13:30）、17:00～22:00（LO21:30）
休 水曜 ※祝日の場合は翌日休み
席 カウンター9席、テーブル12席　個 なし
C 可　E 可　禁煙
P なし　交 宮島桟橋から徒歩5分

選び抜いた素材を際立たせる職人歴31年の職人技で握る一貫

①鮨会席寿1万1000円。季節の海の幸をふんだんに使用するため、時期によって内容は異なる。寿司8貫と、お造りや焼物など手間暇かけた一品料理が並ぶ　②落ち着いて食事を楽しめる個室も用意　③凛とした佇まいで寿司を握る職人歴31年の長田行二さん

Special

コロナ禍を機に誕生した持ち帰り商品が好評につき定番化。8貫4320円～そろい、自宅でも職人技を味わうことができると人気の商品だ。

雅な満月を思わせる看板が目印の隠れ家的な1軒。ネタの鮮度と扱い方を大切に、複数の業者から最も状態の良いものを日々仕入れている。素材の良さをより引き出せるよう、昆布締めや酢締め、熟成など、ひと手間かけた1貫を提供。シャリには米酢と赤酢を独自の配合で混ぜ合わせた合わせ酢を加える。人肌の温度を保って握ることで口の中でほどける食感に。醤油や煮つめなど、調味料はすべて自家製で、細部にこだわりが感じられる。一品料理もおすすめで、季節を大切にして作られる寿司や料理を、旬の地酒と一緒にいただきたい。

Data

すしわ
すしわ

082-244-3480

[平均予算] 昼／なし　夜／1万円

住 広島市中区胡町3-9 愛ビル2F
営 18:00～23:00（LO22:30）　休 日曜・祝日
席 カウンター5席、テーブル8席、座敷8席
個 4名用2室、最大10名用1室
C 可　E 不可　禁煙
P なし
交 広 胡町電停から徒歩3分

HIROSHIMA A GOURMET

イタリアン

なじみの一皿から
ぜいたくな逸品まで、
誰もが好む料理の数々を

オープンキッチンを舞台に薪火を巧みに使ったグリル料理

広島では珍しい、薪で焼き上げるグリル料理を中心としたコースが楽しめる店。料理人歴約13年の杉野貴政さんは、原始的な調理法に近い、薪でのグリル料理に魅力を感じてこの店を開いた。グリルを背にしてカウンター席に囲まれたオープンキッチンは、まるで料理が紡がれていくステージのようだ。「森を守ることにもつながる」との思いから、薪は芸北地方で伐採されたナラの間伐材を主に使用。昼夜とも季節の食材を盛り込んだ約8品のおまかせコース1万1000円を提供する。グリル料理とともに注目したいのが岐阜県の山奥の工房『BON DABON』で製造されるペルシュウ。24カ月間熟成させ、軟らかくしっとりとしたハムがコースを彩る。

①コース内で味わえるペルシュウ。豚のモモ肉を使ったハムは塩のみの味付けながら甘みがあり、薄くスライスすることで口溶けの良さが際立つ ②隠れ家的な雰囲気を醸し出す、独特のフォルムが印象的 ③調理の様子を間近で見られるカウンター席がメーン

Special

ペルシュウは、キッチン横に設置されたハムスライサーを使いハンドルを回しながら薄くスライスして提供。美しい淡い桜色が、食欲をそそる。

Data

DIRETTO

でぃれっと

070-8338-4140

[平均予算] 昼／1万1000円 夜／1万1000円

住 広島市中区富士見町5-16
営 12:00～15:00、18:00～23:00（LO20:00） 休 不定
席 カウンター8席、テーブル4席 個 なし
C 可 E 不可
禁煙
P なし
交 広 中電前電停から徒歩7分

木下牛サーロイン薪熾火焼、香茸のリゾット（コース料理の中の一例）

滋賀県産の木下牛サーロインを、ヨーロッパや南米の伝統的な調理法、熾火（おきび）焼きで調理。外は香ばしく中はジューシー。天然の香茸を自家製だしで味付けしたリゾットは肉料理の後に提供

厳選した食材でつくりあげるコース料理を日本ワインとともに

①写真はディナーコース1万1000円（9品）の一例。A5ランクの広島牛イチボのステーキ 赤ワインソースにバーニャカウダなど、季節によって内容が変わる。他に6600円（6品）のコースもあり ②カウンター席と4名収容の個室を用意 ③ビル3階の隠れ家的な店

Special

料理に合わせて選びたい、北海道余市郡「オチガビワイナリー」など、全国各地からセレクトする日本ワイン。グラスは700円〜、ボトルは6000円〜。

エキニシのイタリア料理店『citan』のオーナーシェフ岡田裕介さんが新たにオープンさせた、完全予約制でもてなすコース料理の店。東広島市の「やまもと有機菜園」など、自ら農園に足を運んで仕入れた野菜を中心に、生産者の顔が見える食材にこだわり、丹精込めて仕上げた料理の数々を堪能できる。また、ワイナリーを直接訪ね、選び抜いた日本ワインとのマリアージュもぜひ楽しみたい。店内にはカウンター席のほか、個室もあるので特別な集まりにもぴったり。こだわりが詰まったコース料理とワインを心行くまで味わえる。

Data

cucina italiana The Calint
くっちーな いたりあーな ざ かりんと

☎082-909-2152

［平均予算］昼／なし 夜／1万3000円

住広島市中区薬研堀3-12 椿ビル3F BC
営17:00〜24:00 休なし
席カウンター8席、テーブル4席 個4名用1室
C可 E可
禁煙
Pなし
交広胡町電停から徒歩5分

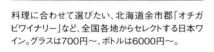

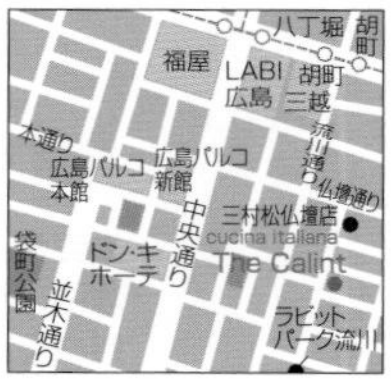

本場で修業した職人が焼き上げる　生地が主役のナポリピッツァ

1

①ナポリピッツァを象徴するマルゲリータ1430円。小麦粉やチーズ、ホールトマトなどは現地から仕入れる　②アルパーク北棟・東棟からすぐ　③イタリアの港町にある店をイメージした明るい店内。存在感を放つ入口横の大きな石窯はナポリから取り寄せたもの

Special

三日月状の生地にチーズやハムを詰めて焼いたカルツォーネ・ヴィアンカ1900円。モッツァレラチーズの燻製「プロヴォラ」が味のアクセント。

3

2

イタリア人も納得のナポリピッツァが食べられる専門店。店主の盛本満雄さんは、本場の味を極めたいとナポリの老舗レストランで修業し店を構えた。2004年のオープン後も年に一度のペースでイタリアに赴き、さまざまな店で研鑽(けんさん)を積んでいる。ナポリピッツァの主役は、小麦粉、酵母、塩、水のみで作る、もっちり&ジューシーな生地。約450℃に熱した高温の石窯で1分程焼くことで生み出され、噛むたびに小麦の豊かな風味が広がる。本物の味を食べて喜んでもらいたいという、盛本さんの思いが詰まった一枚を堪能してほしい。

Data

Pizzeria　Napul
ぴっつぇりあ　なぷる

☎082-276-5223

［平均予算］昼／1500円　夜／3000円

住広島市西区草津新町2-8-7
営11:30～15:00（LO13:50）、18:30～22:00（LO20:50）※材料がなくなり次第終了
休月曜、不定 ※月曜が祝日の場合は翌日休み
席テーブル22席　個なし
C不可　E不可　禁煙　P4台
交Ⓙ新井口駅から徒歩5分

物語も料理のスパイスに　白島で本格ナポリ料理を堪能

①マルゲリータ・ジャラ1728円。甘みが強い黄色いトマトソースが鮮やかなピッツァ　②写真映えするおしゃれなイタリア家具。青いタイルのテーブルは指定で予約が入ることも　③ナポリピッツァ協会認定の本場の味が食べられる予約必須の名店

Special

ピッツァや他メニューにも欠かせないチーズは週に1度イタリアから空輸する。水牛のモッツアレラチーズは1度食べると忘れられない絶品。

２０１５年、宮島口から白島エリアへと移転したイタリアンの名店。この店を代表するのはナポリピッツァ。イタリア製のピザ窯を使い、高温で1分半という短時間で焼き上げた生地は、表面はサク、中はもっちりの絶妙な焼き加減。コクのあるチーズに、生地のほんのりした甘さがたまらない逸品だ。小麦や塩はイタリアから、野菜や魚介は生産者に会って仕入れるほど食材にもこだわる。ピッツァは季節ものを含め常時10種がそろう。おすすめをスタッフに尋ねると料理に込められた物語も教えてくれるので、ナポリ旅行に訪れたかのような気分に。

Data

polipo
ぽりぽ

082-221-0331

［平均予算］昼／2000円　夜／5000円

住広島市中区東白島町20-5
営11:30〜LO14:00、18:00〜LO21:00
休水曜 ※祝日の場合は営業、翌ランチが休み
席カウンター4席、テーブル40席　個なし
C可　E可　禁煙
Pなし
交広家庭裁判所前電停から徒歩2分

肉×ワインがコンセプト　地元食材を生かしたイタリアン

①竹原市で獲れた猪を使ったパテ・ド・カンパーニュ770円。口溶けの良い猪肉のパテはワインとも好相性。峠下牛のボロネーゼなど、地域食材の魅力を伝える料理を作る　②和モダンな外観。夜にはライトアップされよりすてきに　③半個室になったソファ席も用意

Special

三次ワイナリー、奥出雲葡萄園など、料理との相性を考えて仕入れた中国地方のワインも多くそろえる。竹原の地酒、龍勢などもおすすめだ。

箱根のホテルや東京、横浜で修業を積んだ室岡真人さんが、奥様の実家がある竹原市に店をオープン。「タコやタイなど魚介の新鮮さはもちろん、町の人と関わる中で竹原をもっと盛り上げたいと思うようになりました」と話す。地元で取れた食材を主役に、モチモチとした食感の手打ちパスタや石窯で焼いたピザなどを提供している。厳選した食材をシェフの研ぎ澄まされた感性で調理する。日替りメニューにも注目したい。ワインも約50種と充実したラインアップで、手頃な価格のものも用意しているため、肩肘張らず気軽に楽しめる。

Data

Trattoria　M
とらっとりあ　えむ

☎0846-48-9001

［平均予算］昼／1500円　夜／4000円

住 竹原市中央4-6-5
営 17:30～22:00（LO21:00）、火・木・土曜11:30～15:00（LO14:30）、17:30～22:00（LO21:00）
休 日曜 ※月曜が祝日の場合は月曜休み
席 カウンター4席、テーブル12席、ソファ10席　個 なし
C 可　E 可　禁煙　P 4台
交 Ⓙ竹原駅から徒歩5分

HIROSHIMA A GOURMET

フレンチ

繊細かつ大胆に
組み立てられた
彩りあふれる芸術的な一皿

〝カラダ〟と〝ココロ〟に有益な自然派フランス料理

「フランス料理で『身土不二』の精神を表したい」と語るのは、オーナーシェフの島村光徳さん。その土地でその季節に取れた食材を、その土地に住む人が食すのは極々自然なこと。それは、フランス料理のベースにある豊かさだと島村さんは語る。自然農法の野菜や放牧で育つ豚など、丁寧に育てられた食材を厳選し、伝統技法を用いて本来のおいしさを十分に引き出す。そんな、極上の料理の数々が盛り込まれたコースを堪能できる。大切なゲストを招くように、料理も一人一人に合わせて調整するなど、細やかな心配りもうれしい。フランス料理だからと、肩ひじを張らずにリラックスして食事を楽しめる。これもまた、この店ならではの魅力だろう。

1

Special

食事を大切にするフランス文化の豊かさに魅せられたという島村さん。「丁寧な暮らし」を心掛ける姿勢が、一つ一つの料理にも反映されている。

3

2

①コースの締めくくりには季節のフルーツを使ったデザートを。写真は、極薄のラングドシャで作った紅葉が華やかにあしらわれたモンブラン。目でも季節を楽しめる　②食への期待を高めてくれるエントランス　③気取らず温もりのある店内。気候の良い時期はテラス席も心地よい

キュリビヤックド ソーモン、パテ アン クルート（コースの一例）

どちらもフランスの伝統料理で、前菜や時にはメーンとしても登場する。広島サーモン、自然放牧で育てた豚などのパテ、自家製マスタードなど厳選した素材のおいしさとシェフの技が冴える一品

Data

自然派フランス料理　**シマラボビス**　ShimalaboBis
しぜんはふらんすりょうり　しまらぼびす

☎082-207-2511

［平均予算］昼／5000円　夜／1万円

住広島市中区胡町6-26 福屋八丁堀本店9F
営11:30〜15:00(LO14:00)、18:00〜21:00(LO20:00)
休水曜
席テーブル32席、テラス16席　個なし
C可　E可　禁煙
P契約Pあり(有料)割引あり
交広八丁堀電停から徒歩1分

肩ひじ張らない雰囲気が魅力　特別な日も普段使いにも訪れたい

①ランチコース3080円より、イトヨリと自家製の麺・ヌイユにエビのだしのソースと泡を合わせた魚料理。豚ヒレ肉のローストは、マッシュルームや和栗などと共に（月ごとにコースの食材は異なる）　②開放感のあるオープンキッチンが印象的　③シックな外観

Special

特別な日の食事をより思い出深いものにしてくれる個室は、2部屋をつなげば、最大8名まで対応できる。子連れの場合は予約時に要相談。

２０１８年にオープンしたビストロのような気軽さと、フレンチレストランならではの洗練された雰囲気を併せ持つ一軒。季節感や旬を大事にした皿の数々を、昼夜ともにコース料理で楽しめる。オープンキッチンからは、代表の沖田耕二さんをはじめ、気鋭の若手シェフたちが料理を作る様子を、ライブ感たっぷりに見ることができるのも魅力の一つ。また、カウンター席やテーブル席に加え、個室も２部屋完備されており、記念日など特別な日の利用もおすすめだ。オーダーがあれば、プレートにメッセージを添える演出も対応可能。

Data

orage
おらーじゅ

082-207-4914

[平均予算]　昼／4000円　夜／6000円

住広島市中区上幟町10-7
営11:30～15:00（LO13:30）、17:30～22:00（LO21:30）※要予約　休水曜、第1火曜
席カウンター6席、テーブル34席　個4名用2室
C可（夜のみ）　E不可　禁煙
Pなし
交女学院前バス停から徒歩3分

地元の食通が足繁く通う尾道の隠れ家で創作フレンチを

①コースの魚料理「真鯛/蓮根/バルサミコソース」。メニューには素材のみを記載し、料理への期待感を高める　②柿渋仕上げの床や珪藻土の壁と天然素材で仕上げられた室内　③商店街から一歩入った路地に佇む。店名は扉にひっそりと記されている

東京で約20年修業をした店主が振る舞う、フレンチをベースにした創作料理のコースが7700円から楽しめる店。契約農家から仕入れる無農薬野菜、瀬戸内の魚介や地元産ジビエなどの素材を厳選し、豊富な経験に裏付けられた技で最高の一皿に仕上げる。ワインの風味が豊かなイチジクジャムにカカオニブの苦味を加えたフォアグラのテリーヌは個性豊かな味わい。和風だしで煮たズイキで包んだ渡りガニのサラダには、焼きナスのペーストを添えやさしい味に。一皿ごとに驚きが湧き上がる料理とナチュラルワインで至福の時を過ごせる。

Special

フランスを中心に世界各地のナチュラルワインを常時100本以上そろえる。料理に合わせたペアリングコース3種3300円、5種5500円も用意。

Data

naïf

ないーふ

☎0848-36-5893

[平均予算] 昼／なし　夜／1万1000円

住 尾道市久保1-4-5
営 18:00～LO20:30 ※3日前までの完全予約制
休 不定
席 テーブル14席　個 なし
C 不可　E 不可　禁煙
P なし
交 J 尾道駅から徒歩25分

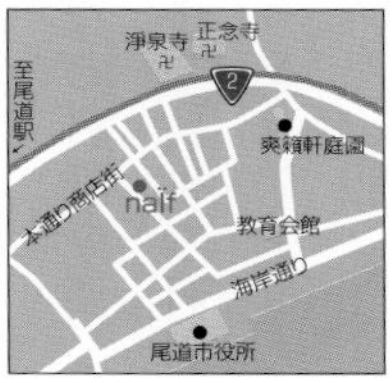

本場の上質さ薫る新進気鋭のシェフが腕を振るうレストラン

①シェフお任せディナーコース1万1000円。本日のメーンは金目鯛のポワレ シェリービネガーのソースと、仔牛のロースト 赤ワインソース。魚も肉も楽しめる極上のコース　②2015年開店。限定のランチも人気　③重厚感ある木の温かみが心地よい

Special

軽井沢のフレンチレストランで修業を積み、この道20年以上の為岡さん。記憶に残る料理提供をモットーに、心を込めたモダンフレンチを手掛けている。

店名の『ソン スクレ』はフランス語で「100の秘密」という意味で、〝お客さんの秘密の場所となるような店にしたい〟と名付けたそう。福岡県糸島の久保田農園から仕入れる旬野菜と新鮮な魚介、味わい深い和肉をバランスよく仕立てて、食べやすいフランス料理を創作。日本人にとってなじみのある素材を取り入れた料理は、どこか落ち着くと人気を集めている。江田島の作家にフルオーダーした器を使用するなど料理を楽しむ雰囲気作りにも心を配る。特別な日にぴったりな格の高いグランヴァンはもちろん、リーズナブルなワインも充実。

Data

French Restaurant　**Cent Secrets**
ふれんち れすとらん　そん すくれ

☎082-569-8261

[平均予算] 昼／7500円　夜／1万1000円

住広島市中区中町2-8 アルコビル1F
営18:00～22:30(LO20:00)、水～日曜12:00～14:30(LO12:30)、18:00～22:30(LO20:00)
休月曜　席カウンター4席、テーブル16席　個なし
C可　E不可　禁煙
Pなし
交広立町電停から徒歩10分

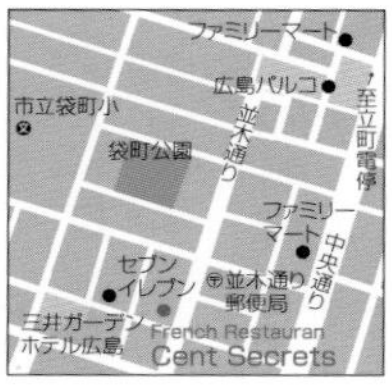

最新機器×シェフの技が魅せる日本食材を生かしたフレンチ

①イカのカルボナーラ仕立ては白ワインソースで和えたイカと、トリュフピュレとともに。卵黄ソースがコクを加えトリュフが芳醇に香る　②真っ白なリネンとロブマイヤーのグラスが上質な時間を約束　③オリエンタルな内装は高級感がありラグジュアリーな雰囲気

Special

北広島町の本地で野菜作りを手掛ける『やまのまんなかだ』のマイクロベビーリーフサラダ。水耕栽培ではなく地植えのため力強く香り高いフレッシュさ。

東京の有名店やフランスの星付きレストランなどで腕を磨いたシェフが、日本食材を生かしたフレンチレストランをオープン。「進化するからこそスペシャリテ」と話す渾身の一皿は、素材を最大限に生かすシェフの技と、うま味と風味を浸透させる最新機器によって生み出される。経産和牛の真空低温調理赤ワインソースは、炭火にスモークチップを加え燻しながら焼き上げた薫香あふれる逸品。ソムリエ資格を有するシェフが厳選したワインはフランス産を中心に500種以上あり、皿ごとのペアリングも可能なので気軽にオーダーを。

Data

NAKADO
ナカド

なし ※予約はHPから（完全予約制）

［平均予算］昼／1万円　夜／2万円

住 広島市中区堀川町4-18 胡子GRIT5F
営 12:00～14:30（LO13:00）、18:00～22:00（LO20:00）　休 不定
席 カウンター6席　個 4名用2室
C 可　E 不可　禁煙
P なし
交 広 八丁堀電停から徒歩2分

HIROSHIMA A GOURMET

中国料理

長い歴史の中で育まれた
バラエティー豊かな
食の共演を堪能

一皿ごとに技とセンスが光る　コース仕立ての中国料理

中国の広州で修業をした店主の小川林太郎さんが、〝医食同源〟をコンセプトに「食べた人に元気になってもらいたい」との思いで腕を振るう、絶品料理が味わえる。夜はおまかせのコース料理のみで、決まったメニューはない。当日仕入れた食材をお客に提示し、好みに合わせて調理していくスタイルだ。たとえば、この日は「ウナギとジャガイモを揚げ、卵黄の紹興酒漬けをのせた一品」や「焼いた合鴨をクリと烏龍茶のソースで味わう一品」などが登場。小川さんのインスピレーションと技術から生まれる、独創的で滋味深い料理は訪れる人を魅了してやまない。前菜からデザートまでコース仕立てで提供されるので、少しずつ味や香りが変化する中国茶と一緒に楽しめる。

①蓮華コースの一品。イベリコ豚のタンをボイルして焼き、中国醤油をかけたもの。ピリッと辛いラー油がアクセントに　②黒い壁が印象的　③カウンター、テーブル、円卓とさまざまなタイプの席を用意。平日の昼限定で坦々麺や鶏肉飯各850円などの単品メニューも

Special

茉莉花1400円、凍頂烏龍茶2900円など、さまざまな中国茶がそろう。湯を注ぎ足し何煎も飲むことができるので、コース料理にぴったり。

Data

蓮華
れんか

☎084-973-9552

［平均予算］昼／1000円　夜／2万円

住福山市霞町1-5-6
営11:30～14:00(LO13:30)、17:00～LO21:00
休不定
席カウンター3席、テーブル16席　個なし
C可　E可　禁煙
P2台
交J福山駅から徒歩10分

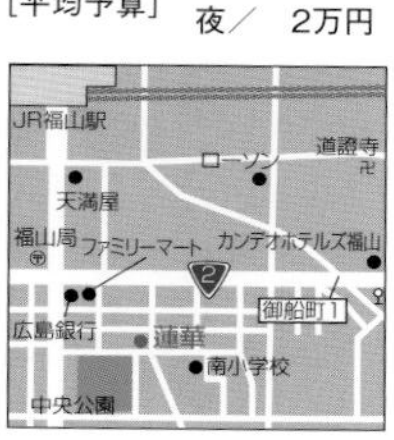

蓮華コースの一例 7000円～

前菜3品、魚料理、肉料理、蒸しパン、アイスが付く蓮華コース。使用する食材で値段が変わる。少しずつたくさんの味を楽しみたい人は、8～10品の天河コース1万2000円～がおすすめ

創業50年超の人気店　少人数からの個室対応がうれしい

①コースやランチ、オーダーバイキングで楽しめる本格中国料理　②店内には空気清浄機を設置し、来店時のアルコール消毒、検温を実施するなど感染症対策を徹底　③コース料理は5600〜1万1600円。人数分のコース予約で個室が無料で利用できる

Special

海老のチリソースや炒飯など、お客様の「食べたい」を集めたプレミアムランチ2100円。その他のランチもリニューアルしてグレードアップ!

世代を超えて「広島で中国料理といえばここ」というファンの多い、創業50年を超える老舗。60年以上の経験を誇る料理長が、中国の宮廷料理の流れをくむ北京料理を日本人の好みにアレンジし、醤油ベースのあっさりとした味付けで提供する。アラカルトも良いが、おすすめは幅広く中国料理の魅力を堪能でき、2人以上で予約すれば個室が利用可能なコース料理。中でも人気の福コース5600円は、エビチリや店名物の北京ダックなど大満足のラインアップだ。親しい友人や家族など大切な人たちと、ぜいたくなひと時を過ごして。

Data

北京料理　桂蘭
ぺきんりょうり　けいらん

082-231-1218

[平均予算]　昼／2000円　夜／7000円

住広島市中区十日市町1-3-10　営11:30〜14:30(LO14:00)、17:00〜21:30(LO21:00、最終入店は20:30) ※ランチタイムは早閉めの可能性あり　休火曜　席カウンター6席、テーブル98席、座敷64席、掘りごたつ10席　個2〜56名用7室　C可　E可　禁煙(別途、喫煙スペースあり)　P5台、コインパーキングの割引チケットあり　交広十日市町電停から徒歩3分

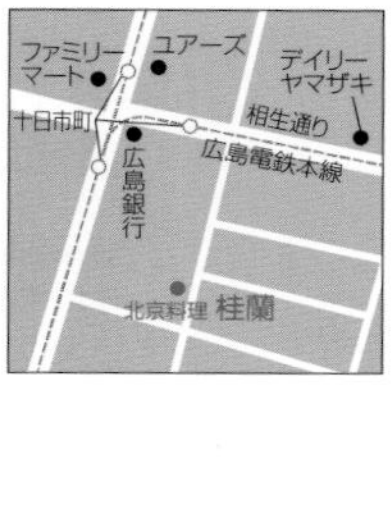

名店の味をベースにした実力派中華料理をモダンな空間で

①海老のチリソース1200円、マーボー豆腐950円、四川名物よだれ鶏850円。甜醤油や酒醸、ラー油など味の決め手となる調味料は自家製のもの　②呉高専の裏手通りにある白い壁と赤い扉が目印　③壁面の文字や調度品がモダンなインテリアに映える

Special

とろっと滑らかな食感と濃厚で優しい甘みが食後に合う杏仁豆腐400円。ランチタイム限定で中国茶とのセットを300円で提供。

「阿賀で本格的な中華料理が食べられる」と話題の店。中華料理店『四川飯店』やホテルで修業を積んだ店主の大嶋伸司さんが、その経験を生かしオープンした店。食べ応えのあるプリプリのエビを使い卵を入れて、程良い辛さに仕上げた、海老のチリソース、黒酢の酢豚など定番料理から、前菜、点心、麺、炒飯、デザートまで幅広くそろう。昼は副菜2品が付いたランチセット、夜は単品やコースを楽しめる。また、3年、5年、10年物の紹興酒や果実酒など、料理に合わせたドリンクも豊富。わざわざでも足を延ばして、料理を心行くまで堪能したい。

Data

中華料理の四川堂

ちゅうかりょうりのしせんどう

☎ 0823-71-5631

[平均予算]　昼／1500円　夜／3000円

住 呉市阿賀南2-6-25
営 11:30～14:00(LO13:30)、17:30～21:00(LO20:30)　休 水曜、第2火曜
席 カウンター2席、テーブル24席　個 なし
C 可　E 不可　禁煙
P 6台
交 J安芸阿賀駅から徒歩8分

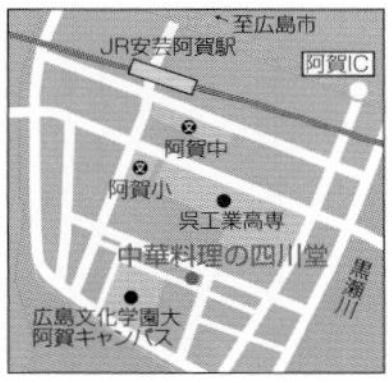

四川料理がベースの本格派　地元食材を中心に使用

①敦煌名物の鮮魚のまぜまぜサラダ（大）2178円、海鮮のXO醤炒め1419円、大海老のチリソース1419円　②組木風の間仕切りが重厚感のある内装　③宴会場はコース料理注文のお客が優先。写真は10名まで利用可能なプライベート空間「重慶」

Special

作り手を応援したい、生産者の顔が見える安心安全な材料で料理を提供したいという考えで、広島県産応援登録制度食材を積極的に採用している。

「医食同源」「人の命と健康はその土地と共にある」という思いのもと、四川料理をベースに、広島や山口県産が中心の食材を中国の伝統調味料で味付けした料理を提供。20年以上のキャリアを誇る専属の生え抜きシェフが、代々受け継がれてきたレシピを元に、独自のアレンジを施しながら多彩なメニューを展開している。熱々の土鍋から四川花椒の豊かな香りが広がる、師伝土鍋マーボー豆腐（大1518円、小979円）は、創業時からの看板メニュー。昼は日替わりの敦煌ランチ1012円など、手頃なランチメニューが楽しめる。

Data

中国料理　敦煌　広島グランドタワー店
ちゅうごくりょうり　とんこう　ひろしまぐらんどたわーてん

082-212-1177

［平均予算］昼／1000円　夜／2500円

住広島市中区上八丁堀4-1　アーバンビューグランドタワー2F　営11:00〜15:00（LO14:30）、17:00〜22:00（LO21:30）　休なし
席テーブル70席　個10名用4室
C可　E不可　禁煙
Pなし
交広縮景園前電停から徒歩1分

中国・東北地方出身の店主　和を取り入れた本場の味

①ディナーの90分食べ飲み放題コース3480円（小学生以下2730円、4歳以下無料）。定番の中華料理に和の調味料も加えながら、万人受けする味になるよう工夫されている　②カフェのような雰囲気の店内　③青と黄色が鮮やかな建物の1階にある

Special

飲み放題はビールやハイボールに加え、紹興酒、桂花陳酒もあり。名水と厳選もち米を原料に発酵熟成させた紹興花彫酒はホットも可。

中国・吉林省出身のオーナーが、本場の味を日本人の味覚にアレンジして提供。ランチは2種の日替わり定食に加え、チャーハンや麻婆丼、麺類など定番の中華料理がそろう。なかでも人気の五目炒飯麻婆天津丼９００円は、五目炒飯の上に天津餡をかけて麻婆豆腐を添えた欲張りな一皿。ディナーはオーダーバイキングスタイルで、油淋鶏（ユーリンチー）や海老マヨ、手包みの小籠包など、70種以上の出来立てが楽しめる。また、単品で注文できる日本ではなかなか出合うことのない吉林省の東北料理約20種も、味わっておきたい逸品ばかりだ。

Data　HP

チャイニーズレストラン　香
ちゃいにーずれすとらん　しゃん

082-569-6980

［平均予算］昼／800円　夜／1500円

住広島市南区出汐2-1-10
営11:00～14:00、18:00～23:00（LO22:30）
休火曜
席テーブル40席　個なし
C可　E可　禁煙
Pなし
交出汐3丁目バス停から徒歩2分

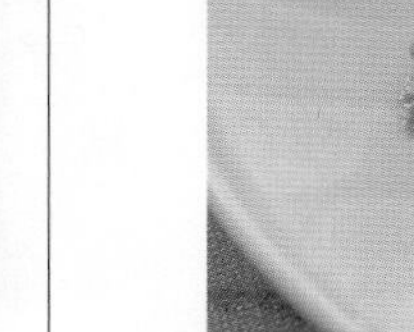

HIROSHIMA A GOURMET

各国料理

食事で世界旅行へ、
異国の料理で
海外旅行気分を味わいたい

看板メニューのパンを継承　ギリシャ料理店として再始動

惜しまれながらも閉店した自家製小麦を使ったパンが人気のカフェ『BaKuRo(麦浪)』。初代店主の甥で、海外で料理修業した原田雄二朗さんが跡を継ぎ、ギリシャ料理店として再びオープンした。

イギリス、ギリシャ、ブルガリアで料理に携わってきた原田さんは、自分の店を持つにあたり、一番修業期間が長いギリシャ料理を選んだ。豊富な食材に恵まれたギリシャではなじみの小皿料理Meze(メゼ)や、国民食のギロピタなど個性豊かな料理がそろう。ギリシャワインをはじめ料理に合わせるお酒は、原田さんが過ごした各地のものをセレクト。先代のレシピを引き継いだ全粒粉パンはテークアウトも可能。ここでしか味わえない味を求めて訪れてほしい。

①ピタパンに、香ばしく焼いた豚肉、野菜、ポテトフライを包んだギロピタ660円。ギリシャのヨーグルトソース「サジキ」でさっぱりと食べられる　②以前の店を残しつつ、ホール部分を店主自ら増築　③自作のテーブルや建具の木の香りが心地よい空間が広がる

Special

ギリシャでの料理修業時代には、世界のセレブが集うミコノス島のホテル『CavoTagoo』で、料理長を務めるほどの実力の持ち主の店主。

Meze lunch 1650円

日替わりの「Meze」と全粒粉パンが付く数量限定ランチ。メーンには、豚肉をトマトや赤ワインで煮込み、湯来産米でリゾット風に仕上げた「ユベチ」など、季節に合わせたギリシャ料理が楽しめる

Data

Greek Kitchen & bakery　**麦浪 BaKuRo**
ぐりーく きっちん あんど べーかりー　ばくろ

0829-86-0883

[平均予算]　昼／1500円　夜／4000円

住広島市佐伯区湯来町伏谷656-1
営11:00〜18:00 ※ランチ〜15:00(LO14:00)、カフェ15:00〜18:00、ディナーは平日1日1組限定の予約制
休火曜　席テーブル12席、テラス8席　個なし
C可　E可　禁煙
P10台
交砂谷酪農入口バス停から徒歩すぐ

町を見下ろす場所に佇む　本格的な味のタイ料理レストラン

①白身魚を揚げて甘辛く味付けたプラー・ラード・プリックなど、タイ料理ディナーコース3300円。写真は一例　②窓の外には絶景が広がる。異国感あふれる内装がより現地気分を高めてくれる　③ホテルの外観。夜はライトアップされムーディーな雰囲気に

尾道水道を見下ろす小高い場所に位置するホテル『尾道ビュウホテルセイザン』の4Fにあるタイ料理レストラン。トムヤムクンやタイカレー、パッタイなど日本人にもなじみのあるメニューから、オーナーの花本聖士さんがタイに滞在していた際に食べていたローカルな味まで、幅広いメニューをそろえる。タイ出身の奥様と一緒に、日・タイ国際夫婦が作り出す料理は、どれも本場の味を再現。「辛味、酸味、甘みなど、タイ料理は刺激が魅力」と話す花本さん。現地さながらの味にこだわった、本格的な料理の数々に舌鼓を打とう。

Special

食事を楽しんだ後は、ホテルに宿泊するのもおすすめ。タイにあるゲストハウスをイメージした個室で、異国に来たような雰囲気を堪能できる。

Data

タイ国料理　**タンタワン**
たいこくりょうり　たんたわん

0848-23-3313

[平均予算]　昼／1500円　夜／2500円

住尾道市西土堂町16-21　尾道ビュウホテルセイザン4F　営18:00～22:00（LO21:00）、土・日曜11:30～15:00（LO14:30）、18:00～22:00（LO21:00）
休火曜　席テーブル32席　個なし
C可　E可　禁煙
P6台
交Ｊ尾道駅から徒歩11分

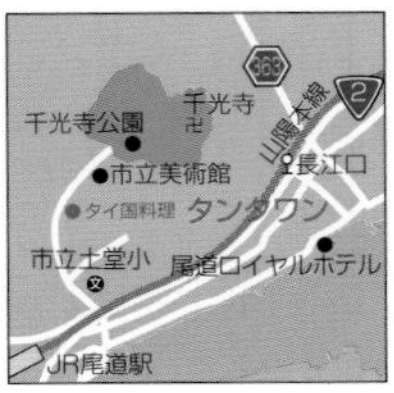

気分はまるでニューヨーカー　現地のB級グルメを広島で満喫

①鶏モモ肉とムネ肉を炒め、マル秘スパイスで味を調えたチキンオーバーライス940円。高品質な浅煎りシングルオリジンコーヒーと一緒にテークアウトもOK　②カラフルなポスターと青い壁が目印　③ニューヨークの菓子などが置かれ、異国にいるかのよう

Special

穀物のぷちぷち感が楽しめるマルチグレインブレッドに、チーズとツナをのせて焼いた、本場仕込みのツナメルトサンドイッチ720円。

ポップでカラフルなディスプレーが目を引く、ニューヨークの屋台料理や、サンドイッチ、ベーグルなど、ニューヨークのローカルグルメが味わえる店。店主の川上フランキーさん、亜久里さん夫妻はニューヨーク滞在経験を生かし、現地の味をできるだけ忠実に再現したメニューを提供する。なかでも一押しはチキンを細かくほぐし、ターメリックライスの上にのせたチキンオーバーライス。オリジナルスパイスで下味を付けて焼くチキンとヨーグルトソースの酸味が絶妙な一皿は、「また食べたくなる味」と病みつきになる人が多いメニューだ。

Data

Morgan
もーがん

☎082-576-4214

［平均予算］昼／1000円　夜／1000円

住 広島市中区銀山町8-4
営 9:00～19:00(LO18:30)　休 水曜、不定
席 カウンター7席、テーブル6席　個 なし
C 可　E 不可
禁煙
P なし
交 広 銀山町電停から徒歩4分

基本に忠実な本格タイ料理　屋台の雰囲気とともに体感

①蒸し鶏にショウガベースのソースをかけ、ご飯と混ぜて味わうカオマンガイ昼800円、夜880円。程良い酸味とスパイシーな味わいが魅力　②カウンター席のみの店内は屋台感を高めてくれる　③駅前横町の一角にあり、個性的なイラストの看板が目印

Special

店主の藤井さんは、タイ料理を学んだタイ人師匠の地元に随時赴き、その土地の野菜や水を味わうことで現地の空気感を店に持ち帰っている。

「広島では数少ない本格的なタイ料理を、手頃な価格で味わってもらうことで身近に感じてほしい」と店主の藤井司さん。11年前にタイ人の料理人から学んだタイ料理を奇をてらうことなく基本に忠実に料理をつくる。メニューはカオマンガイ、ガパオ、パッタイなどバンコクにおける定番料理が中心で、夜はお酒に合うトムヤムクンやヤムウンセンなどが登場。季節感を意識したメニューの提供も心がける。料理はカラフルな色柄の食器に盛り付けられ、まるで現地の屋台にいるような店内の雰囲気とともにタイ料理を味わえるのも大きな魅力だ。

Data

バンコク食堂 バードマン

ばんこくしょくどう ばーどまん

082-554-4280

［平均予算］ 昼／1000円　夜／3000円

住広島市佐伯区海老山町2-15 駅前横町
営11:00～14:00（LO13:30）、17:00～21:00（LO20:00）　休火曜、不定
席カウンター7席　個なし
C不可　E可　禁煙
P1台
交Ⓙ五日市駅から徒歩3分

フレンチシェフが作るベトナム料理とナチュラルワインを

①ペアリングコース1万円。ワインもしくはノンアルコールドリンクが選べるランチ・ディナー共通のコース。食後にはデザートとコーヒーも味わえる　②店主がデザインしたフラットで開放感あふれるオープンキッチン　③巾着モチーフの金具が付いた蔵の玄関戸が入り口

Special

お酒を飲めない人も楽しめるようにと、ノンアルコールカクテルも充実させている。ハーブやスパイスを巧みに使い、味わいの複雑さや、香りが楽しめる。

フレンチ出身のチランさんとソムリエのご主人が営む店。自然豊かな土地に魅かれ、ご主人の地元でチランさんのルーツであるベトナム料理と、自然に寄り添ったワインを提供する。目指しているのは四季折々の日本の食材を使った「季節の見えるベトナム料理」。栽培や飼育方法にこだわる生産者に敬意を払い、素材を生かした料理に仕上げている。店舗のウォークインワインセラーにはナチュラルワインを常時５００本以上そろえ、購入することも可能。昼・夜共通のペアリングコースで、料理とドリンクの掛け合わせを心行くまで堪能したい。

Data

ベトナム料理とワイン　CHILAN
べとなむりょうりとわいん　ちらん

なし（完全予約制、SNSのDMまたはメールで受付）　［平均予算］昼／　1万円　夜／　1万円

住 廿日市市阿品4-2-39
営 12:00～15:00（一斉スタート）、17:00～21:00（内3時間、貸切のみ）※昼、夜完全予約制
休 火・水・木・金曜　席 カウンター8席　個 なし
C 可 ※現金不可　E 可　禁煙
P なし　交 J 阿品駅から徒歩6分

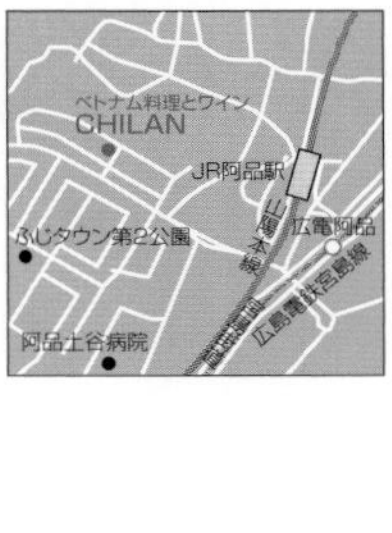

焼肉

専門店ならではの質と値段で
とろける至極の味わいを堪能

贅を尽くしたA5ランク牛とアイデア光る一皿に感動

焼肉と真摯に向き合い厳選して仕入れる肉は、各県で金賞を受賞した極上ぞろい。A5ランクの黒毛和牛をベースとした良質なブランド牛を提供しており、その日その時の最高の味わいを引き出す料理を楽しめる。最高の仕入れと驚くほどリーズナブルな価格を実現できるのは、職人が持つ熟練の目利きあってこそ。肉のカットに工夫を凝らし、食感からくるうま味を最大限に引き立てる。低温調理や炙りなど、ひと手間加えたユッケをはじめとする肉前菜や肉寿司など、アイデア光る一皿にも注目を。お酒の品ぞろえも豊富で、希少価値の高いジャパニーズウイスキーも多彩にラインアップ。記念日のお祝いには、華やかな肉ケーキのオーダーをぜひ。

①エディブルフラワーや金箔が散りばめられた豪華な肉寿司。右からうにくら寿司、にくくら寿司、うにくキャビア寿司。単品は各2貫（1280円～）から提供　②横川駅近く、星のみち商店街に位置　③ハイグレードな空間でカウンター、個室とシーンに合わせて利用を

Special

日々最高級レベルのA5ランク和牛を用意。小豆島産オリーブのしぼり果実を配合した餌で育てられた小豆島オリーブ牛など、希少肉に出合える。

Data

焼肉　**牛師苑**
やきにく　ぎゅうすいえん

090-2297-0298

［平均予算］昼／1000円　夜／5000円

住 広島市西区横川町3-5-22 あすなろビル2 1F
営 11:00～14:00 ※テークアウトのみ、17:00～22:30（LO22:00）　休 不定
席 カウンター6席、掘りごたつ12席　個 4名用3室
C 可　E 可　禁煙
P なし
交 Ⓙ横川駅から徒歩2分

牛師苑堪能コース 5000円

A5ランクの和牛カルビ、上ロース、厚切りの牛タンをはじめ、自家製キムチ、4種から選べる〆など計13品を堪能できる。写真は3人前。+2200円で2時間飲み放題に。前日までの要予約

炭火焼きで楽しむハイクラスな厳選黒毛和牛をリーズナブルに

①2名から提供するカジュアルセット(1人前2490円)と、牛タン3種食べ比べ盛り(2人前1630円)。写真はどちらも2人前　②個室と半個室のみのレトロモダンな空間で、ゆったりと寛ぎの時間を　③駐車場も多数完備されており、グループでの来店も安心

Special

6時間かけてじっくり煮込んだテールスープ979円。牛のうま味を煮出したスープはまさに極上の一品。〆にはテールラーメン1089円も。

最高級A5ランク黒毛和牛をメーンに、上質な肉を手頃な価格で堪能できる焼肉の名店。3つの問屋から都度仕入れる和牛は、きめが細かく、無駄な脂肪がない軟らかな赤身が特徴的。口の中に入れるととろけるような食感を味わえる。同系列店で唯一、食欲と香ばしさをそそる炭火焼スタイルで肉を提供。炭から出る赤外線は、肉のうま味を包み込み、よりジューシーな味わいを楽しめる。メニューに迷ったら、厚切り牛タンや赤身2種など6種の肉と、スープ、ご飯が付いたカジュアルセットのオーダーを。あらゆる部位を食べ比べできると評判だ。

Data

焼肉　白李　西原店
やきにく　はくり　にしはらてん

082-846-1250

[平均予算]　昼／　なし　夜／　4500円

住 広島市安佐南区西原7-12-27
営 17:00～23:00(LO22:15)
休 月曜 ※祝日の場合は営業
席 テーブル28席、掘りごたつ48席
個 4～5名用11室、8名用3室
C 可　E 可　分煙　P 15台
交 ア 西原駅から徒歩5分

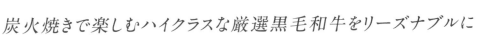

精肉店の目利きが光るA5ランク広島牛が堪能できる

①特選牛肉5種盛り合わせ（1～2人前）3080円。自家製ソーセージ270円～。ボトルワイン2640円～、グラスワイン550円～。夜はサービス料330円（大人のみ）
②2階が焼肉店　③1階では肉のほか、揚げたてのコロッケやトンカツなども販売している

Special

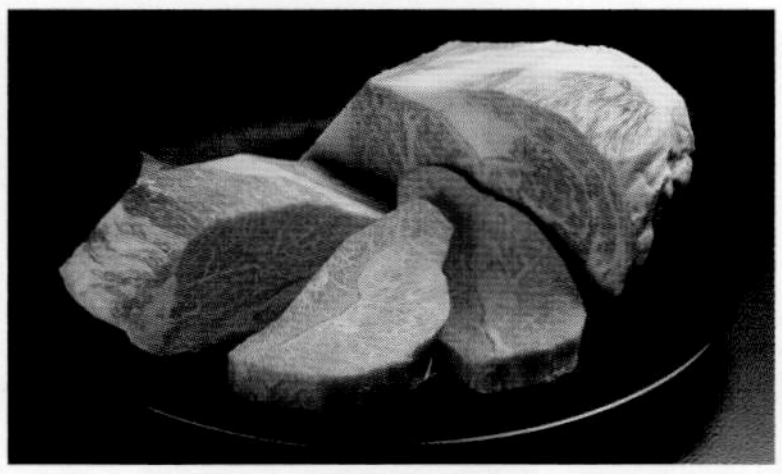

A5ランクの広島牛。左から牛ヒレ、ミスジ、サーロイン。1階2階とも同じ値段で提供していて、1階で選んだ肉を2階で味わうこともできる。

精肉店として創業し、約60年。「地元の人、常連さんに満足してもらいたい」と、鮮度と品質の良いA5ランクの広島牛を提供している。広島牛はきめが細かくコクがあり、脂っこくなく食べやすいと幅広い世代から人気を集める。肉を店でさばくので、部位や硬さによって切り方を変えて提供でき、価格もリーズナブル。品質に納得できるものだけ仕入れるこだわりようで、精肉店ならではの目利きが光る。一押しはロースやカルビ、コウネなどが盛られた、特選牛肉5種盛り合わせ。広島牛と相性の良いワインや、豊富なサイドメニューと堪能しよう。

Data

銭谷商店

ぜにたにしょうてん

☎082-285-0555

［平均予算］昼／1000円　夜／2500円

住 安芸郡府中町城ケ丘17-17
営 11:00～14:30（LO14:00）、17:00～21:00（料理LO20:00、ドリンクLO20:30）、土曜17:00～21:30（料理LO20:30、ドリンクLO21:00）
休 日曜・祝日　席 テーブル24席　個 なし　C 可
E 不可　喫煙　P 2台
交 城ケ丘入口バス停から徒歩1分

肉を知り尽くした精肉店直営だからこそ味わえる国産和牛

①極みの〝入口〟コース5000円（2名～、前日までの要予約）は、和牛コウネやタン軟骨など全11品（随時変更）に2時間飲み放題付き。さまざまな部位が楽しめる　②ロールスクリーンで仕切れる掘りごたつが並ぶ店内　③屋外に掲げる黒い看板が目印

Special

黒毛和牛の希少部位で、霜降りの軟らかい食感がたまらない、厚切り和牛ミスジ1840円。脂っこくなく、さっぱりとした味わいはヒレに近い。

精肉店が直営する焼肉店。肉に精通するプロが、そのときに質が高い肉を全国から見極めて仕入れ、リーズナブルに提供する。厳選された鮮度の高い国産和牛の希少部位を含むラインアップを実現し、炭火焼きで肉のおいしさを存分に楽しませてくれる。丁寧な下処理で臭みをなくした白いセンマイ刺し660円や、やみつきになる人が多いというビールにぴったりのタン軟骨740円などがおすすめ。また、全席掘りごたつでゆったりと過ごせる居心地の良さ、週末は家族連れも多く訪れ、和モダンな雰囲気の店は一段とにぎわいを見せる。

Data

本格炭火焼肉　**極味**
ほんかくすみびやきにく　きわみ

☎082-249-2989

［平均予算］昼／なし　夜／4500円

住 広島市中区堀川町5-1 大内ビル5F
営 17:00～24:00（LO23:30）　休 なし
席 掘りごたつ57席
個 4～6名用2室 ※他も応相談
C 可　E 可　喫煙
P なし
交 広 八丁堀電停から徒歩3分

広島市長賞受賞の県産和牛A5ランクを中心にラインアップ

①極上厚切り牛タン、極上焼きしゃぶ、極上ホルモン盛り合わせ、和牛極上カルビ、和牛極上ハラミ、和牛極上ロースなどがそろう極上コース1万円　②6名用×2と8名用の座卓は、つなげて20名用の個室に　③新天地公園北側。白い看板が目印

Special

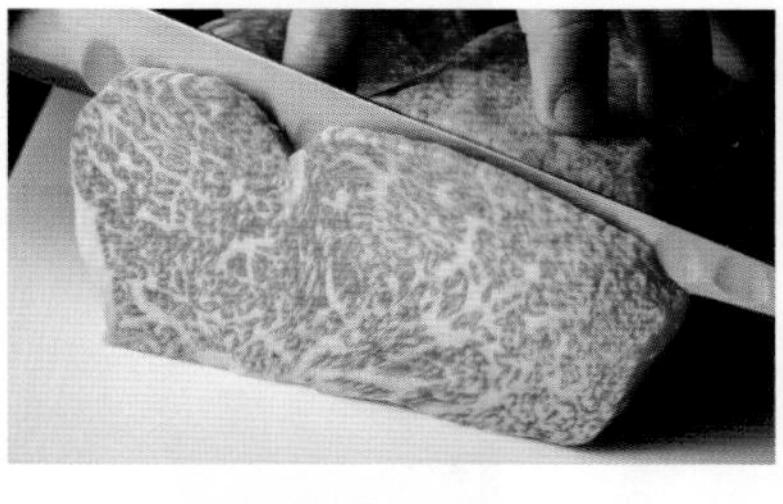

仕入れた肉は食品に直接冷風の当たらない恒温高湿庫で保管。みずみずしさと風味を守ることができ、鮮度の良い状態を手切りで提供している。

広島食肉市場出荷者組合和牛枝肉共励会で広島市長賞を受賞した、高品質の広島和牛A5ランクを中心にそろえている。コースは3種で、ぜいたくな特上部位がずらりと並ぶ極上コースは、特別な日にぴったり。いずれも〆の品が選べ、おすすめは炙りでとろける食感の肉寿司。また、赤身とサシのバランス抜群なヒウチや、弾力がありキメ細かで上品なマルシンといった希少部位も味わえる。肉の鮮度と質が素晴らしいので、まずはタレを付けずに卓上のヒマラヤ岩塩で。系列でバーを営むため豊富にそろうカクテルが女性にも好評だ。

Data

焼肉　馬場ちゃん
やきにく　ばばちゃん

☎082-249-2929

[平均予算]　昼／　なし　夜／6000円

住広島市中区新天地1-9 新天地レジャービル1F
営17:30〜翌4:00(LO翌3:30)　休なし
席カウンター10席、座敷24席
個4名用1室、6名用1室、20名用1室
C可　E不可　喫煙
Pなし
交広八丁堀電停から徒歩4分

HIROSHIMA CRAFT BEER

広島で続々と増えている

クラフトビール

味と香りが魅力のクラフトビールが
各地で次から次に生まれている。
広島では瀬戸田産レモンなど
地域性に富んだ副原料を使用することで、
独自のスタイルをつくりだしている。

中区 | ヒロシマ ネイバリー ブリューイング

01

広島日の出ラガー

(330ml ／ 660円)

ALC：4.5%　Style：アンバーラガー

三原久井産のハーブや瀬戸田産のレモンなど広島県産の素材を副原料に使用したビールが特徴的なブルワリー。季節に応じて、常時8〜10種のクラフトビールを醸造している。瀬戸内の朝焼けをイメージした「広島日の出ラガー」は、ドイツ産ホップのスパイシーで香ばしい味わいが特徴だ。併設の「Craft beerと炭火『はればれ』」では、醸造所を眺めながら、炭火焼き料理を肴に出来たてが味わえる。

Data

住広島市中区大手町1-5-10　☎082-236-9313（Craft beerと炭火「はればれ」）　営12:00〜22:00（Craft beerと炭火「はればれ」）
休なし

ヒロシマ ネイバリー ブリューイング
公式HP

福山 | 備後福山ブルーイングカレッジ・ザ ビア 伏見町

02

オールドデイズ・セゾン

(330ml ／ 550円)

ALC：5%　Style：セゾン

国際的なビール審査員「マスター・ビアジャッジ」の資格を持つ小畑昌司さんが醸造するビールは、どれも個性的。酵母を主とした香りが引き立つ「オールドデイズ・セゾン」は、透明感のある美しい琥珀色。茶色の「アイ・ピー・エー・備後」は、ホップの爽やかな苦みと香りが特徴だ。褐色の「O.D.A」は濃厚な味わいが楽しめる。併設のビールスタンドでは、出来たてを量り売りしているほか、瓶入りも販売している。

Data

住福山市伏見町3-16-C　☎080-7538-8857
営15:00〜20:30頃（日曜、祝日は12:00〜19:00頃）
休不定

備後福山ブルーイング
カレッジ・ザ ビア 伏見町
公式HP

03

尾道 | 尾道ブルワリー

尾道エール

(330ml ／ 600円)

ALC：5%　Style：ペールエール

2021年に誕生した「尾道ビール」。「メイドイン尾道」にこだわり、岩子島産のトマトや因島産のハッサクなどを副原料にした季節限定ものが多い。定番の「尾道エール」は、琥珀色のスッキリした口当たり。副原料の尾道産レモンは、イエローレモンを中心にまろやかな味の完熟レモン、酸味と香りが強いグリーンレモンと年に3回変わる。施設内では出来たてが味わえるほか、テークアウトやオンラインショップでの購入も。

Data
住尾道市久保1-2-24　☎0848-38-2710
営13:00〜19:00
休月〜木曜 ※祝日の場合は営業

尾道エール
オンラインショップ

西条 | テシゴト

広島西条檸檬エール

(330ml ／ 550円)

ALC：5%　Style：ペールエール

日本三大酒処の一つ西条で、2021年に誕生したマイクロブルワリー「テシゴト」。主原料にドイツ産の麦芽とアメリカ産のホップを使用し、副原料に広島県産の生レモンに加え、地元東広島産の米を使用した西条ならではのビールを醸造している。やや白濁した「広島西条檸檬エール」は、レモンの爽やかな風味と酸味にホップの程よい苦みがインパクトを与える、すっきりとした味わい。酒粕を使ったビールも。

Data
住東広島市西条中央1-6-1-1F　販売やまいち精肉店
☎082-437-3345　営10:00〜19:00　休なし
問い合わせ・取り寄せ teshigoto.brewery@gmail.com

テシゴト
注文メールアドレス

04

中区 | セッションズ ブリュワリー

05

ブルーノ スマッシュ

(330ml ／ 550円)

ALC：5.5%　Style：アメリカン・ペールエール

2018年に醸造を開始。1回の醸造量は100リットルと小規模だが、個性に富んだ味わいの定番5種と季節限定ものを造る。「ブルーノ スマッシュ」は、シングルモルトの苦みとアメリカンホップのフルーティーな香りが特徴。「オイスターシティビール ペールエール」は、カキ殻から出るミネラル分により口当たりがまろやかで、後味スッキリ。ビールスタンドでは、出来たてを常時3種類を用意しており、瓶入りも販売している。

Data
住広島市中区江波東1-12-39 セッションズ ブリュワリー ビアスタンド&ストア
☎082-533-8622(工場・ストア共)　営12:00〜21:00、日曜12:00~18:00
休月曜

セッションズ ブリュワリー
オンラインショップ

肉料理

厳選された上質な肉は
プロの技でさらに
極上の味わいへ

ホテル出身店主が華麗に焼き上げる　五感で楽しむ鉄板料理

「香りや音など五感で感じてもらうのが鉄板料理」と話す、広島市内のホテルで29年間腕を振るってきた店主の亀田正勝さん。カウンター席目前の鉄板で、迫力満点かつ華麗な手さばきで仕上げてくれる料理が楽しめる。高級なイメージの鉄板料理を気軽に味わってほしいと、昼はハンバーグやカレー、ステーキ丼といったランチメニューを用意。一方、夜は一皿ずつじっくり堪能してもらうためコース料理で提供する。衣を付けた和牛を揚げ焼きにし、干しシイタケや野菜、果物、香辛料などを加えた自家製ウスターソースでいただくメーンの和牛ヒレカツは、ミディアムレアで軟らかい食感の肉のうま味を、さっぱりしたソースが引き立ててくれる逸品だ。

Special

ランチやディナーコースで提供される日替りの自家製アイスクリーム。生クリームを使用せず、牛乳をしっかりと煮詰めて作られている。

①ランチメニューのハンバーグ1280円（サラダ、ご飯、味噌汁、香の物、コーヒーorアイスクリーム付）。毎日手ごねするハンバーグは、鉄板でしっかりと蒸し焼きにし、ふんわり&トロっとした食感に　②街の喧騒から少し離れた静かな場所に位置する　③店内はカウンター9席のみ

ディナーコース 1万1000円～ ※要予約

コースの一例の和牛ヒレカツ、甘鯛のうろこ焼き キノコと栗のリゾット添え。コースには、前菜、本日の鉄板料理、肉・魚料理、サラダ、ご飯、アイスクリーム、コーヒーが付く。※内容は予約時に要確認

Data

鉄板料理 かめだ

てっぱんりょうり かめだ

☎082-236-3177

［平均予算］ 昼／ 1500円　夜／1万1000円

住広島市南区京橋町9-13ドミール上田1F
営11:30～LO13:00、17:00～LO21:00 ※前日までの要予約　休不定
席カウンター9席　個なし
C可（夜のみ）　E不可　禁煙
Pなし
交広稲荷町電停から徒歩2分

自家製粉の手打ちそばと広島県で唯一「河内鴨」が食べられる店

①コース4400～7700円の一例。オーブンでゆっくりと火を入れ、水分を閉じ込めた河内鴨ロース低温ロースト（手前）など。夜は要事前予約コースでの営業　②福山中央公園東沿いの白いのれんが目印　③黒が基調のシック＆和モダンな雰囲気の店内

Special

常陸秋そばを仁田さん自ら石臼で挽き手打ちする、鴨つけそばのランチセット1550円。カツオと昆布のだしに、蒸し煮にした鴨の汁を混ぜたつゆでいただく。

河内鴨は大阪府外ではほとんど流通していない、140年以上受け継がれる方法で育てられた伝統のある合鴨。「初めて食べた時、味の濃さと部位ごとに異なる肉質、脂のおいしさに驚きました」と、味に惚れ込んだ店主の仁田共則さんが生産者に交渉し、広島県で唯一、直接仕入れている。心がけるのは、素材を生かすため手を加えすぎず、最小限の火入れで肉をベストな状態に仕上げること。「日本一の鴨肉だと信じて使っています」と話す仁田さんが生み出す河内鴨料理の数々と、自ら製粉し手打ちする鴨と相性の良いそばを堪能してほしい。

Data

蕎麦と河内鴨料理の店　Sarrasin
そばとかわちがもりょうりのみせ　さらざん

📞080-3897-9758

［平均予算］　昼／1500円　夜／7000円

住福山市明治町2-32
営11:30～14:00（LO13:30）、18:00～22:00 ※夜は完全予約制　休月曜
席カウンター5席、テーブル12席　個2～4名用1室
C可　E可　禁煙 ※個室は可
P3台
交Ⓙ福山駅から徒歩15分

メニューは一つだけ　牛・豚・鶏肉本来の味で勝負する専門店

①三種の肉盛り1500円。ネギとニンニク醤油、ピリ辛ダレ、自家製ポン酢のタレ付き。肉が軟らかく高齢の方も食べやすい
②古民家の外観で大きな垂れ幕が目印
③ジャズが流れ、和風モダンの落ち着いた雰囲気。「ゆっくり味わってほしい」と店主

Special

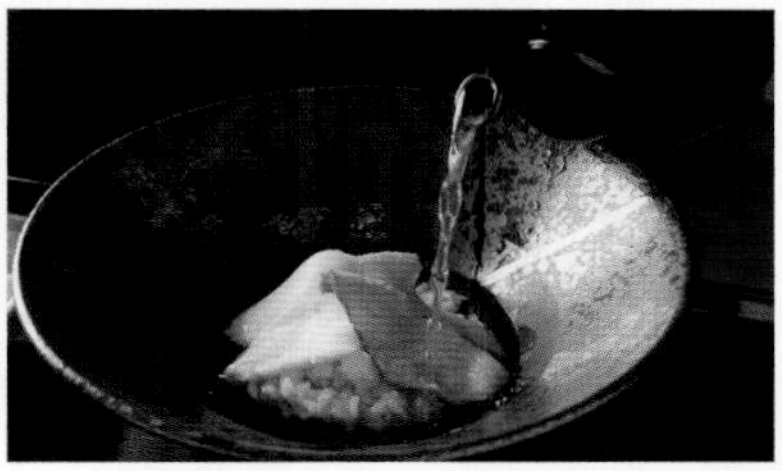

残しておいた好きなお肉やごはんに、熱々の昆布ベースのおだしをかけていただく〆の一品。肉や野菜のうま味を余すことなく味わえる。

北海道で畜産を学び、黒豚しゃぶしゃぶ店を営んでいた肥谷直行さんが東広島にオープンした肉料理専門店。北海道の大地でのびのび育った牛、味わい深くなるように昆布を食べて育った黒豚、広島県産の鶏という3種の肉の味で勝負する。メニューは三種の肉盛りのみで、一度も冷凍していないジューシーな肉を、塩だけの味付けで低温調理。ご飯の上に3種の肉と一つずつ味付けした野菜がのせてあり、まずはそのままで、次に3種のタレで味の変化を楽しむのがおすすめ。〆は熱々のだしをかけて、肉と野菜のうま味を味わい尽くそう。

Data

笑う肉には福来る
わらうにくにはふくきたる

☎080-6726-4923

［平均予算］昼／1500円　夜／1500円

住 東広島市八本松町篠1206-3
営 11:00～15:00、17:00～22:00（LO20:00）
休 月曜 ※予約の場合は営業
席 テーブル18席　個 なし
C 不可　E 可　禁煙
P 6台
交 Ⓙ寺家駅から車で約12分

ホテルの最上階で広島の街を眺めながら黒毛和種のステーキを

①ディナーコースの一例。黒毛和種のステーキはA4・5ランクを中心にそろえる　②「お客様の思い出に残る素晴らしい日のお手伝いができれば」と平舛善之調理長　③鉄板越しに見えるのは21階ならではの絶景。夜は一面に美しく輝く広島の夜景が望める

Special

海の幸盛合せ3000円の一例。写真は本日のお魚、ホタテ貝柱、天使の海老。いずれのコースでもオプションで追加することができる。

ＪＲ広島駅に隣接するホテルグランヴィア広島の最上階にある店。店内はカウンター席のみで、窓の外に広がる眺望を楽しみながら、目の前の鉄板で焼かれる最上質のステーキが味わえる。肉は主に九州から仕入れる黒毛和種を使用し、他に新鮮な魚介メニューも豊富。熟練の料理人が厳選した素材を手際よく焼き上げ、楽しい会話と共にベストなタイミングで提供してくれる。ワインセラーを完備しているので、ソムリエが選んだワインとのマリアージュも堪能してほしい。ランチコースは５８００円～、ディナーコースは１万２０００円～用意。

Data　HP

ステーキハウス　神石
すてーきはうす　じんせき

082-262-1105

［平均予算］　昼／　7000円　夜／1万5000円

住広島市南区松原町1-5 ホテルグランヴィア広島21F　営11:30～15:00（LO14:30）、17:00～21:00（LO20:30）　休月曜
席カウンター14席　個なし
C可　E可　禁煙
Pホテルグランヴィア広島に準ずる
交Ⓙ広島駅新幹線口直結

食材も調味料もオール広島産　A4広島牛をステーキで

①広島牛ステーキ（ヒレ4400円、サーロイン3300円、ランプ2200円、各100グラム）。蒲刈の藻塩、川中醤油のだし醤油、川根柚子を用いたポン酢、吉和のわさびで　②ビルの2階に位置し、隠れ家的な雰囲気　③全席に目を配りながら絶妙なタイミングで提供

Special

ステーキと並ぶ名物あわびステーキ。いつでも4180円の安心価格で、これを目当てに訪れる人も多い。アワビのうま味が凝縮した肝ソースがよく合う。

「A4広島牛は、しっかりとした赤身ながらも程よくサシが入っているのが魅力です」と店主の谷太輔さん。店の主役・広島牛ステーキには、魅力の異なるヒレ、サーロイン、ランプの3つの部位を用意する。塊肉で仕入れるため、一般的なステーキの半額ほどというコストパフォーマンスの良さもうれしい。カットする際に出る形にならない肉を使用した、広島牛100％ハンバーグ2200円もぜいたくな逸品。広島県産にこだわり、江田島のアワビや宮島産カキなど、脇を固める食材も地元の恵みを感じられるものばかりだ。

Data

ステーキ　**青ひげ**
すてーき　あおひげ

082-244-6611

［平均予算］昼／2000円　夜／7000円

住広島市中区大手町1-7-23 ラフォーレビル2F
営11:00～15:00（LO14:00）、17:00～23:00（LO22:00）　休水曜
席カウンター9席、テーブル14席　個なし
C可　E可　分煙
Pなし
交広本通電停から徒歩2分

HIROSHIMA A GOURMET

洋食

幅広い世代に愛される、
少しぜいたくな一皿を

広島産の豚を丸ごと使い　知られざる地域食材の魅力を届ける

価値のある食材を将来に残すことを使命としているシェフ。彼の考える「地産地消」は、地域の食材を使うことだけに留まらず、福山のブランド豚肉「瀬戸のもち豚 せと姫」を極上の一皿へと昇華させることで、食べる人へ食材の魅力を届けている。豚肉100%のハンバーグは店のコンセプトを代表する看板メニュー。おいしさだけを追求するのであれば、使いやすい部位のみで作ればよいが「すべての部位を使いおいしくすることに意味がある」と仕入れた豚全体からミンチを作る。ボリューミーながら、あっさりとした味付けにリピーターも多い。何度も足を運ばせるのは、食材に対する探究心と常に上を目指すシェフの姿勢にもありそうだ。

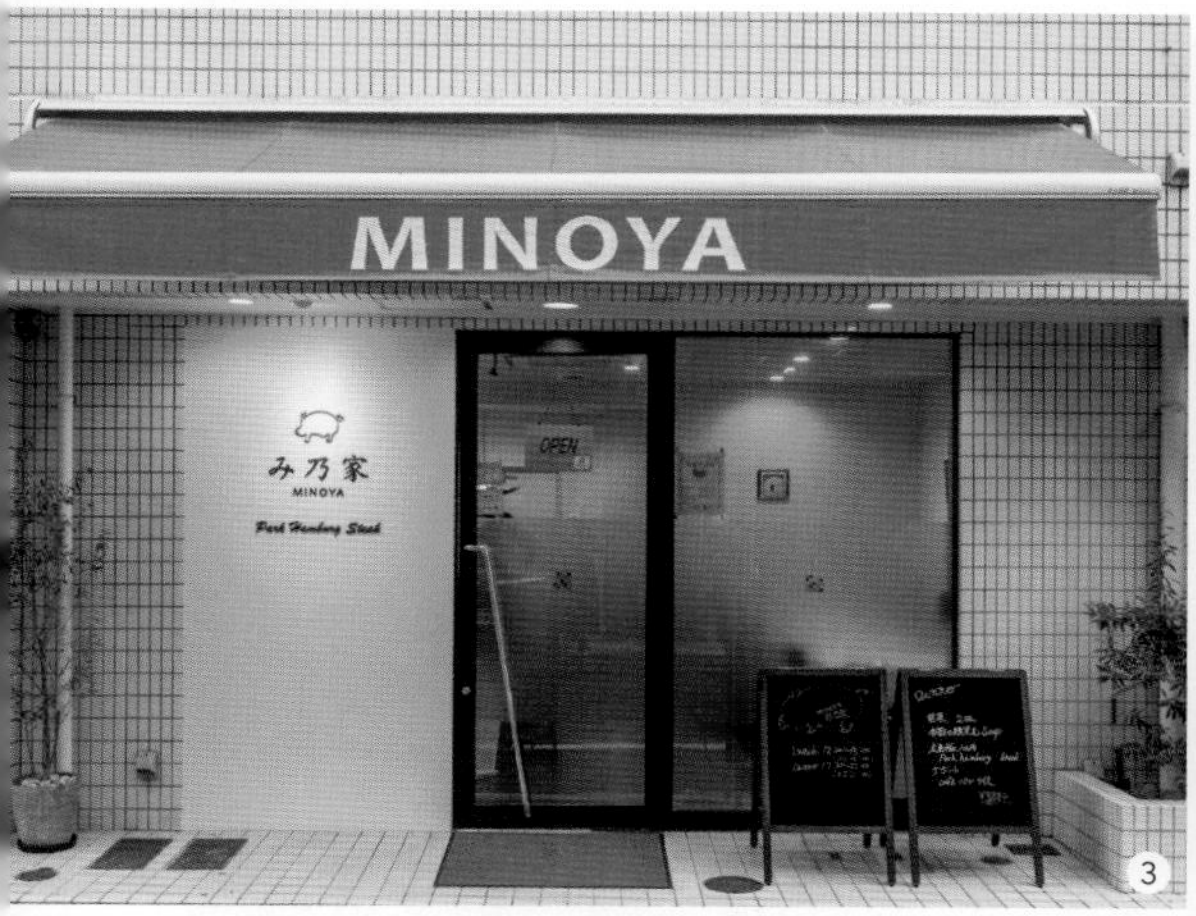

①ディナーコースの前菜「豚カシラ肉ソテー」。カシラを余すことなく3時間煮込みコラーゲンたっぷり。広島市の伝統野菜、祇園パセリのソースが鮮やか　②料理人人生20年の節目を迎える高谷良佑さん　③入り口には店を象徴する豚のマークが

Special

豚肉は半頭買いで仕入れる。下からモモ、ウデ、カタロース、バラ、ロース。切り方や温度管理など細部にまで気を配り、うま味を最大限引き出す。

Data

横川のレストラン　**み乃家**
よこがわのれすとらん　みのや

☎ 082-237-2777

［平均予算］昼／1000円　夜／5000円

住 広島市西区三篠町2-3-26
営 12:00～15:00（LO14:00）、17:30～22:00（LO21:00）　休 不定
席 カウンター5席、テーブル8席　個 なし 貸切8名～
C 可　E 可　禁煙
P なし
交 Ⓙ横川駅から徒歩4分

おまかせコース 3850円

「瀬戸のもち豚 せと姫」を丸ごと味わえるディナーコース。メーンは数種から選べ、写真は広島豚ハンバーグステーキ。ロースハムから始まり、前菜やスープ、パンorライス、コーヒー、デザート付き

馴染みのある食材を　驚きと感動を与えてくれる一皿に

①徳島の契約農家から取り寄せる白い卵を使った「白い恋人たち Bonappetit オムレツ～今宵涙こらえて～」850円。オムレツ＝黄色、という概念を覆す驚きの一皿　②ソムリエである店主。30種あるワインは、カクテルとしても提供　③気軽に入れるバルをイメージ

Special

スズキやサーモンなど旬の魚と野菜を使った「魔女の宅急便のパイ包み焼」2500円（2名～要予約）は、映画のBGMを流してサーブする演出付き。

広島駅西エリアに、２０２０年４月オープン。ふらりと立ち寄れ、上質な料理と酒で心をほぐす……そんな町の雰囲気に合わせ、1階のカウンターには約10種のピンチョス１３０円～を常備し、気軽にお酒が楽しめるよう心を配る。「外食では、家で味わえないものを」と、あえてなじみのある食材を主役にした、感動を誘う料理を提供する店主の中村祐介さん。その思いを象徴する看板料理のオムレツは、「白」にこだわることで目を引く一品に。まるで物語の世界にいるような空間づくりや演出も、この店の居心地の良さにつながっている。

Data

ビストロ食堂　Bonappetit

びすとろしょくどう　ぼなぺてぃ

☎082-207-2059

［平均予算］　昼／なし　夜／4000円

住 広島市南区大須賀町11-6
営 17:00～24:00（LO23:00）　休 不定
席 カウンター6席、テーブル10席
個 なし 貸切10名～
C 可　E 可　禁煙
P なし
交 Ⓙ広島駅から徒歩3分

営業はモーニングからランチまで　家族で営む小さな喫茶店

①オムライス（サラダ付）800円。写真はデミグラスソース。野菜をしっかり食べたいときは、+150円で量が2倍のどんぶりサラダにグレードアップも可能　②店内のステンドグラスは全て店主のハンドメード。販売もしている　③童話に出てきそうな温もりのある外観

Special

くろきカフェブレンド珈琲400円は、プチおやつ付き。10時30分まではおやつにハーフトーストも選べ、軽めのモーニングとしても最適。

朝はトーストのモーニング、昼は懐かしい喫茶店の洋食メニューが人気。中でもデミグラス・ホワイト・トマトと3種のソースが選べるオムライスは店の看板メニューで、これを目当てに訪れる客も少なくない。チキンライスをふわとろの卵で包んだオムライスは、ボリュームも満点。ご飯の量を半分にした小ムライス、2つのソースが選べるハーフ&ハーフなども用意。醤油ベースのソースでさっぱりとした味わいの和風オムライスや、チキンライスの代わりにパスタを包んだオムスパなど、アレンジメニューもそろい、全種制覇を目指したくなる。

Data

くろきカフェ

くろきかふぇ

☎0823-25-5061

［平均予算］昼／800円　夜／なし

住 呉市中通4-9-4
営 9:00～14:00　休 日・月曜
席 テーブル7席、カウンター10席　個 なし
C 不可　E 不可
禁煙
P なし
交 J呉駅から徒歩15分

創業46年　変わらない味を提供し続けるグラタン専門店

①グラタンランチ980円〜。お好きなグラタンに3種から選べるボールサラダ、スープが付く。写真のカレー味ライスグラタンはアサリのうま味がスパイスと相性抜群　②2014年に紙屋町から立町へ移転した　③店内は白とブラウンを基調にした優雅な雰囲気

Special

ハーフグラタンセット1180円〜はハーフサイズのお好きなグラタンに、お好きなボールサラダほか一品料理と手作りデザートとドリンクがセットに。

昭和50年にオープン。広島でグラタンといえば名前が挙がる店だ。グラタンを焼くオーブンも機械そのものから製作するほど、焼きにはこだわっている。北海道産のコクのある牛乳で作る特製ベシャメルソースで焼き上げたグラタンは、口当たりも滑らかで、ふんわりとやさしい味わいがたまらない。この道46年の店主、沼口正さんが手間暇かけて作る料理の数々は、リーズナブルな値段なのもうれしいポイント。ボリュームも満点で、子どもから年配客まで幅広い年代のファンがいる。地域になくてはならない、通い続けたくなる店だ。

Data

グラタン&サラダの店　**リゾート**
ぐらたんあんどさらだのみせ　りぞーと

☎082-247-8828

［平均予算］　昼／1000円　夜／1000円

住広島市中区立町5-7 Gハウス3F
営11:00〜15:30（LO15:00）、17:00〜20:30（LO19:45）※月・木曜11:00〜15:30（LO15:00）
休なし
席カウンター5席、テーブル42席　個なし
C不可　E可　禁煙　Pなし
交㊜立町電停から徒歩2分

人気店店主が腕を振るう　肉料理が自慢のワイン酒場

①特製ハンバーグ1500円と特製ローストビーフ1400円。ハンバーグはバルサミコ酢入りのソースがワインに合う。低温調理でジューシーに仕上げたローストビーフもおすすめ　②オシャレなモルタル調の外壁　③ソファ席は扉を閉めると個室に

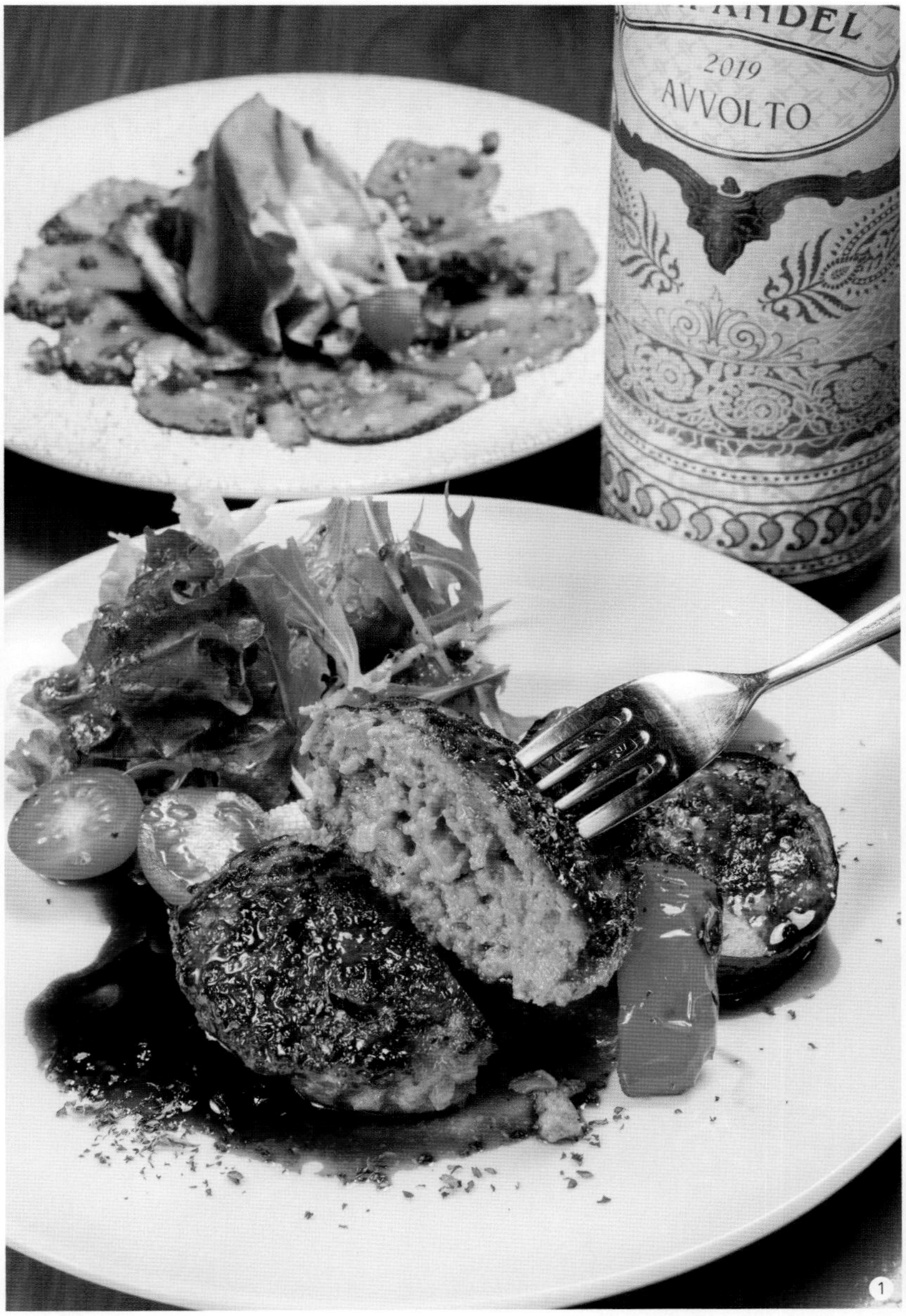

Special

定期的にワインの内容は入れ替え、目新しさを意識。肉に合うものをメーンに、赤・白各5種以上を厳選して用意する。オーガニックワインも扱っている。

広島駅裏の高台レストランとして人気を集めた『MAHOGANY』が移転。ワインをカジュアルに楽しめるワイン酒場へと一新した。まず注文したいのが、ステーキハウスを営んできた店主の経験を生かして作る肉料理。ミンチ肉と叩いたステーキ肉を混ぜたハンバーグなど、塊肉で仕入れ、店でさばくからこそできるメニューを味わいたい。また、県内産が中心の厳選食材を用いた、お酒が進むメニューも幅広く用意。店内に入ってすぐのゆったりとした空間に設計されたカウンター席は、店主との会話が盛り上がる特等席として人気だ。

Data

コドナ WINE,DINER HIROSHIMA
こどな　わいん,だいなー ひろしま

☎082-546-9129

[平均予算] 昼／なし　夜／3500円

住 広島市中区本川町2-2-11 プログレス本川1F
営 17:00～24:00（LO23:00）　休 月曜、不定
席 カウンター7席、テーブル14席
個 14～20名用1室
C 可　E 可　喫煙
P なし
交 広 本川町電停から徒歩3分

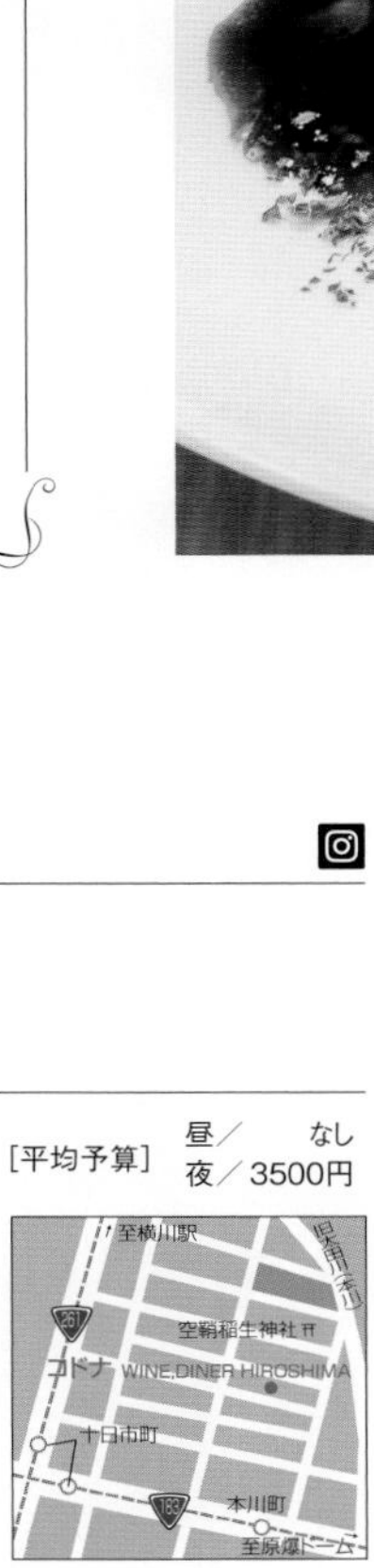

HIROSHIMA A GOURMET

居酒屋

うまい酒と肴があれば幸せ
各店自慢の品を堪能したい

燻製の香りと発酵の滋味深さをお供に厳選日本酒で一杯

燻製と発酵料理に重きを置いた一軒で、全国から選りすぐった日本酒もそろう。燻製の魅力を「何でもない食材が大化けすることがある」と店主。チーズやベーコンなどの定番からオリーブ&セミドライトマトといった品も燻して提供。サクラやヒノキの芳ばしいチップを使い、食材により燻し方を変えている。自家製の燻製調味料を用いることも多く、薫香漂う岩塩やゴマが料理の引き立て役に。もう一つの主役は、麹や甘酒を加えた発酵料理。特に熊本の「だるま放牧豚」を熟成ハムにして、乳酸発酵させ野菜と燻製ハバネロのソースで味わうハムカツが絶品だ。日本酒は口当たりやさしい低アルコールのものから生酛造りの熟成酒まで、個性的な銘柄が並ぶ。

①炙りめんたいの燻製500円と燗酒（半合）500円〜。お燗の温度は希望で、要望がない時は酒に合わせて。60℃程度に温め、ぬるくなる過程の味わいを好みの燻製と楽しみたい　②鳥獣戯画の提灯と山査子の盆栽が趣ある入り口　③1階はカウンターのみ、2階は6名〜貸切可

Special

ニンニク燻製の麹漬けやリンゴのチップで燻した台湾のスパイス・マーガオなど。素材に混ぜたりかけるだけで、ひと味違う料理に仕上げてくれる。

ハムカツ発酵野菜とチポトレのソース800円、ポテトサラダサバの燻製とびっこ600円、牛の燻製のロースト1000円他

燻製の風味を楽しめる品、燻製と発酵の掛け合わせを満喫できる品など。旬食材を使うことも多くメニューは日によって替わる。コース3800円〜、日本酒は冷酒と燗酒用それぞれ10種程用意

Data

暁煙 akatsuki smoke

あかつきすもーく

082-218-2416

［平均予算］　昼／　なし
夜／5000円

住広島市南区大須賀町12-9
営18:00〜23:00（LO22:30）　休月・火曜
席カウンター4席、テーブル8席　個なし
C可　E可
禁煙
Pなし
交Ｊ広島駅から徒歩3分

生え抜きの地素材と地酒が紡ぐ　食通納得のマリアージュ

①倉橋産生牡蠣ウニのせ土佐酢ジュレ1個780円、お造り盛り合せ1人前1100円～、京揚げを衣にした里芋の京風コロッケ770円　②店内奥にはステップフロアのテーブル席がありグループ利用におすすめ　③峠下牛のローストビーフウニ巻き1800円

Special

全国各地の地酒は2～3週間に一度、40～50種が入れ替わる。季節限定商品を中心に、フルーティーな口当たりの銘柄から熟成酒までを展開。

地場食材の料理と地酒に特化し、一捻り効かせたメニューを提供。鮮魚のお造りには夏場ならサラッとしたもの、冬場なら魚の脂に負けないとろみのある自家製醤油を添え、うま味を引き立てる。炭で炙ったのちに低温調理する、軟らかさ際立つ峠下牛のローストビーフも名物だ。限定商品で外せないのは、清浄海域で育まれる倉橋産のカキ「かき小町」。例年11月から翌3月ぐらいまでの季節ものになるのでぜひチェックを。全国の地酒が130種以上と豊富で、「大山Gビール」「松江ビアへるん」など近郊のクラフトビールも多数用意する。

Data

吟結 はなもり

ぎんゆう はなもり

082-541-5247

[平均予算]　昼／なし　夜／6000円

住 広島市中区三川町10-18 並木COXYビル5F
営 18:00～24:00(LO23:00)　休 日曜・祝日
席 カウンター6席、テーブル24席　個 12名用1室
C 可　E 可
禁煙
P なし
交 広 八丁堀電停から徒歩7分

こだわりの油と生パン粉で作る　多彩なフライを求めて

①ピンクペッパーがアクセントの肉厚アジフライ803円。自家製タルタルと、スパイスを利かせたオリジナルソースの2種を付けて召し上がれ。クラフトビール770円も人気　②串揚げCOZYダイナー銀山町に次ぐ2号店　③黒板に書かれたメニューも要チェック

Special

アラカルトのガリしそ〆さば638円は、意外な食材の組み合わせに驚くが、口の中をさっぱりさせる逸品。ニラユッケ473円と一緒に。

魚介や野菜、ハムなどの多彩なフライが看板メニュー。フライの良し悪しを左右する油は、味わいとコクが自慢の2種をブレンドして使用。細目の生パン粉を使うことで、サクサク食感と油切れの良い一品を提供している。一番人気の肉厚アジフライは、普通は刺身にする肉厚のアジを惜しげもなくさばいて揚げたもの。断面がほんのりピンク色になる絶妙な揚げ具合で、外はサクッと、中はしっとり軟らかに仕上がっている。食事のお供には、リンゴ酢入りハイボール495円や、凍結レモンチューハイ605円ですっきりと。

Data

酒場とフライ　ニコジ
さかばとふらい　にこじ

☎082-546-9711

[平均予算]　昼／　なし　夜／3000円

住 広島市中区新天地5-19 大進産業ビル1F
営 15:00～22:00　休 日曜 ※祝日の場合は月曜休み
席 カウンター7席、テーブル24席　個 なし
C 可　E 可
禁煙
P なし
交 広 八丁堀電停から徒歩3分

自家製野菜をたっぷりいただける　お腹も心も喜ぶ居酒屋

①KYON2のおまかせプレート（1人前1100円）は5〜6種のおばんざいを盛り合わせた、一番人気のメニュー。おすすめのお酒と楽しもう　②お客様がゆっくりくつろげるように席の間を広めに取っている　③ごんべさんがデザインした「渓」の文字を目印に

調理担当の「KYON2」さんと、接客と酒担当の「ごんべ」さんの仲良し夫婦が営む居酒屋。「あま味やうま味、苦味など野菜本来の味をしっかり堪能してほしい」と、農薬や化学肥料を使わず丁寧に育てた自家栽培の野菜をたっぷり使ったメニューが中心。魚は専属漁師から直送してもらっており、鮮度抜群の瀬戸内の恵みを味わうことができる。「健康に飲もう」をモットーに、日本酒は主に燗酒にすると味わいが増す酒を中心に、70種ほど取りそろえている。月〜木曜限定で120分飲み放題付きのコースも3500円で用意する。

Special

渓'sFARMの野菜の刺身盛り合わせ750円。四葉キュウリやキクイモなど、なかなか食べられない珍しい野菜が登場するのも楽しみの一つ。

Data

f HP

自彩菜酒処　渓

じざいなさけどころ　けい

082-249-0285

［平均予算］昼／なし　夜／3000円

住広島市中区堀川町4-4 右近ビル2F
営18:00〜23:00（LO22:00）　休日曜・祝日の月曜
席カウンター6席、テーブル10席　個なし
C可　E不可
禁煙
Pなし
交広胡町電停から徒歩2分

素材ごとに焼き方を変え提供　3種の炉端焼きを楽しむ

①旬の素材を使ったキンキの原始焼き。炭の周りでじっくりと焼くと、余分な油が落ち外はパリッと、中はふっくらと焼ける　②建築当時の梁が残った2階は個室と半個室になっており、落ち着いた雰囲気　③炉端でのダイナミックな調理風景を見ることができる

Special

カレイやアジといった大衆魚から、キンキやのどぐろなどの高級魚まで、料理人が日々目利きし寿司や焼き物、本日のおすすめメニューに使用。

戦後まもなくからある料亭を改装し、２０２０年にオープンした炉端焼が楽しめる店。瀬戸内を中心に全国から仕入れた魚介は、藁焼きや原子焼き、炭火焼きの食材に合わせた焼き方で提供され、１階では、厳選素材を囲炉裏で調理する様子を見ることができる。日本料理の職人たちが作る、和の伝統を守りつつ洋のテイストを加えた和洋折衷料理の数々は、日本酒と合わせるのがおすすめ。広島の地酒を中心に全国各地、季節限定の日本酒も取りそろえられているので、気になる人はスタッフに聞いてみて、炉端焼きは夜のメニュー。

Data

炉　本通り 然然
いろり　ほんどおり ささ

082-258-3488

[平均予算]　昼／2000円　夜／6000円

住広島市中区本通6-14
営11:40〜22:30（LO22:00）　休不定
席カウンター16席、テーブル44席
個4名用3室、8名用1室
C可　E不可　禁煙
Pなし
交広本通電停から徒歩1分

HIROSHIMA A GOURMET

焼鳥

熟練のワザによって
焼き上げられる串に舌鼓を

焼鳥とフレンチが融合　ここでしか味わえないコース料理

備長炭の上で、広島熟成鶏を中心とした鳥串が焼き上がる。10年以上の焼鳥経験を持つ稲村俊孝さんが、素材によって場所や焼き時間を変え、最後にブレンド塩で味を調える。1号店の白島店と違い、2020年4月にオープンした小町店では、定評のある焼鳥に、フレンチを融合させたコースを味わうことができる。フランスのクラシックなソース「ベアルネーズソース」をつくねに添えたり、ドライフルーツトマトと赤ワインソースを鶏肝串にかけたりして、新鮮な味覚をプラス。アミューズにはチーズの燻製、デザートには果実のコンポートなども味わうことができる。塩、タレ、そしてフレンチテイストがプラスされた、ここにしかないコースを堪能できる。

①フレンチのシェフが作る赤ワインソースや、ベアルネーズソースが、定番の焼鳥串とマッチ。幅広い年代から人気を集めており、食事のお供にワインを選ぶ人も多い　②一見焼鳥店と気付かない、洋風な建物　③和風の坪庭、壁には英文字と、店内も和洋折衷

Special

スペイン、フランス産を中心にワインの品ぞろえが充実。フレンチが融合した焼鳥のコースにぴったり。ボトル3800円～、グラス700円～。

Data

焼鳥 啐啄 **いな村** 小町店
やきとり そったく いなむら こまちてん

082-569-6448

[平均予算] 昼／なし　夜／7000円

住 広島市中区小町5-26
営 18:00～23:00（LO22:30）※入店は～21:00
休 日・月曜
席 カウンター8席、テーブル20席　個 なし
C 可　E 可　禁煙
P なし
交 広 中電前電停から徒歩5分

コース（3000円、5000円、7000円）の一例

串はその日の仕入れにより変わる。コースの一例、右からうずらベーコン、せせり、鶏ハラミ、モモ、手羽先、ハツ。他にアミューズ、小蕪のエチュベ、コース限定串、デザートなどが付く

鮮度抜群の朝挽き「広島熟成鶏」を焼肉スタイルで味わい尽くす

①とりいちお任せ5種盛り1080円。定番から希少部位までそろう。その日のおすすめが盛り合わせられ、味や食感の違いが楽しめる。鶏いちの初心者から常連客まで納得の一皿　②モダンな空間は女性客にも人気　③全席にダクトを完備。煙を気にせず利用できる

Special

さっぱりとしたむね肉を、絶妙な甘辛さの特製甘醤油でいただく鶏むね肉のたたき750円。この甘醤油を目当てに注文をする人もいるほど、人気の一品。

鶏肉のさまざまな部位を焼肉スタイルで食べる、広島では数少ない鶏肉専門の焼肉店。臭みが少なく軟らかくてジューシーな朝挽きの広島熟成鶏焼肉を、鮮度の良さが際立つ塩や醤油で食べるスタイル。他にも味噌をベースにした自家製もみダレも用意し、部位に合わせた食べ方を提案している。なかでも親皮ホルモン550円は、もみダレで食べたい一品。親鳥のうま味と味噌ダレの風味の相性も良くお酒も進む。ホルモンのような弾力のある食感も魅力的だ。他にも鶏肉を使った一品料理も多数そろえているので、焼肉と一緒に楽しみたい。

Data

鶏いちもんめ

とりいちもんめ

☎ 082-576-3562

[平均予算] 昼／なし　夜／3500円

住 広島市中区中町1-13 バーグハウス1F
営 17:00～24:00(LO23:00)　休 日曜
席 カウンター4席、テーブル20席　個 4名用1室
C 可　E 可
禁煙
P なし
交 広 袋町電停から徒歩5分

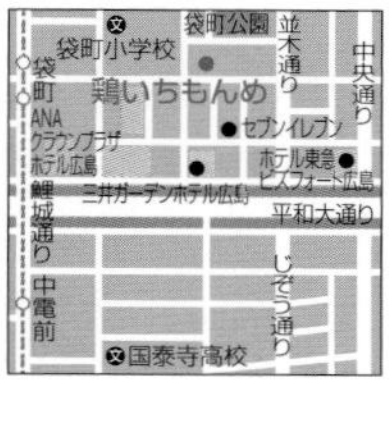

長州鶏と広島ではなかなか出合えない希少な食材を炭火焼で

①焼き上がったものから運ばれてくる、おまかせ串焼盛り合わせ5本990円、10本1980円。その日のおすすめの食材が並び、苦手なものがあれば相談に応じてくれる　②JR廿日市駅前にあり、格子窓が目印　③シーンを問わず入りやすい和モダンな店内

Special

殻ごと食べられる幻のエビもさえびの炭火焼660円(2尾)。広島県内だと同店以外では、なかなか食べられない逸品。殻が薄く、身は濃厚で甘くとろける。

③

②

紀州備長炭を使った本格串焼きとお酒が楽しめる店。国産かつ安心安全な食材にこだわり、鶏は長州鶏を使用。さらに店主の故郷・鳥取県の味覚を知ってもらいたいと網代港から独自のルートで仕入れる、幻のエビとも呼ばれる猛者エビやハタハタ、肉厚のスルメなどの魚介も並ぶ。一つ一つ丁寧に焼かれた串は見た目も美しく、炭の香りをまとってワンランク上の味わいに。炭火で焼くことで、甘みが増した炭火焼きレタスのシーザーサラダや炭火焼きアボカドも男女問わず人気のメニュー。豊富な日本各地のお酒と一緒に至福のひとときが過ごせる。

Data

串焼き　すみのや桜
くしやき　すみのやさくら

☎0829-32-2581

[平均予算]　昼／　なし　夜／4000円

住廿日市市駅前5-6
営17:30～23:00(LO22:30)
休日曜 ※翌月曜が祝日の場合は営業、月曜休み
席カウンター6席、テーブル14席　個なし
C不可　E不可　禁煙
P2台
交Ⓙ広廿日市駅から徒歩3分

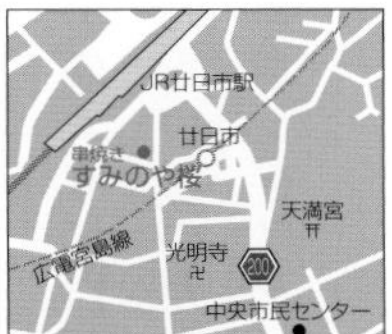

和テイストのモダン空間で安芸高田市の「高宮鶏」を堪能する

①焼き師の丁寧な技が光るかわ165円、白きも220円、こころ220円。常連客に人気の一品、煮込み495円もおすすめ
②世界的に有名な建築家、谷尻誠氏が設計したおしゃれな店舗
③和の食事だが、洋風をちりばめた小粋な雰囲気が漂う店内

Special

高宮鶏がたっぷりのとり鍋1628円。だしはカツオと昆布で取り、タママス醤油が味の決め手になっている。〆は雑炊やうどんで。

昭和50年に創業し、二代目店主の河野貴さんが引き継いだ串焼き店。鶏肉は安芸高田市の鮮度が高い高宮鶏を使う。調味料にもこだわり、醤油は江田島の濱口醤油、塩は土佐の海の天日塩などを厳選。素材はうま味を存分に味わうことができる皮や手羽先、自家製つくねをはじめ、ゆずみそ鶏や鶏しそ巻きなど一つずつ丹念に仕込む。串焼き店では珍しく自家製パンを焼いて、ガーリックトーストを提供。このパンに、パテのように白肝をのせて食べる常連さんもいるのだそう。また、串焼きと洋メニューをワインで楽しむのもおすすめ。

Data

torikushi
とりくし

082-246-1040

[平均予算] 昼／なし 夜／3000円

住 広島市中区中町2-23
営 18:00～24:00(LO23:00)　休 不定
席 テーブル16席、掘りごたつ16席　個 5～7名用1室
C 不可　E 可
禁煙
P なし
交 広 袋町電停から徒歩8分

訪れる度に感動　斬新なアイデア光る熟成鶏の串

①8250円（山コースのイメージ）。店長自慢の串はもちろん、熟成もものカルパッチョや〆料理が選べるコース（要予約）など、心に残る逸品ばかり　②店長の山中敬久さんが焼き手を務め切り盛りする　③男性が女性をエスコートできる店をイメージした空間

Special

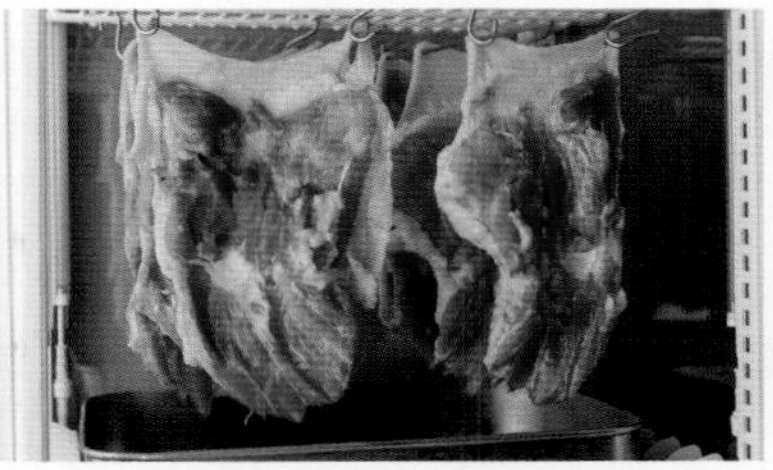

安芸高田市で平飼いされている廣島赤鶏のみを使用。軟らかく弾力ある新鮮な身を、あえて1週間かけて熟成させることで、脂の量も甘さもぜいたくなものに。

「一般的な焼き鳥のイメージと全然違う」と話題の串は、部位ごとに相性の良いスパイスやソースで仕上げている。肉のうま味を引き出す振り塩に使う塩は、毎日使用する分だけ細かく手削りするこだわりよう。「そのとき、そのときで一番おいしい部位を、最良のタイミングで出したい」との思いから、一品料理を入れたコースのみの提供。最も特徴的なのは、熟成ももに合わせる自家製のキャラメルソース。口の中で弾けるような身の食感とあふれ出す濃厚な肉汁を、キャラメルソースの香ばしさが絶妙に引き立てている逸品だ。

Data

焼き鳥 梵ろ
やきとり ぼんろ

☎082-567-5885

［平均予算］昼／なし　夜／8000円

住 広島市中区新天地6-10 本州会館2F
営 18:00〜 ※売り切れ次第終了　休 不定
席 カウンター8席　個 4名用1室
C 可　E 可
禁煙
P なし
交 広 八丁堀電停から徒歩5分

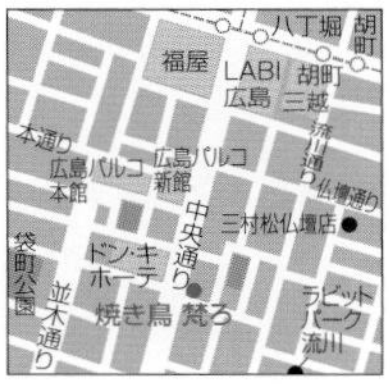

ワイン居酒屋&ワインバー

最高の一杯がさらにおいしく!
絶品料理と
運命のマリアージュ

路地裏の隠れ家で嗜む　華やかな料理とナチュラルワイン

路地裏に佇むカウンター6席の小さな店が、食通の間で話題になっている。そこは、フレンチやスペイン料理の店で修業を重ねた店主の下渡裕也さんが営む店。世界中から取り寄せたナチュラルワインとピザ窯を使った本格的な料理が楽しめ、高温の窯で焼き上げる肉や魚のメーン料理、季節を感じさせる前菜やスパゲッティ、デザートを単品でオーダーできる。じっくり食事を楽しむのはもちろん、2軒目使いにもおすすめ。ワインは、ボトルだけでなくグラスの種類も豊富にそろう。クラフトビールや自家製の発酵ドリンク、酵素ジュースなども用意しているので、その日の気分に合わせて選びたい。予約してゆっくりとワインと料理を楽しむのがおすすめだ。

①世界中から常時50種以上そろえるナチュラルワインは、下渡さんが試飲し、気に入ったものだけを仕入れる　②路地を進むと、流川の喧騒を忘れるほど落ち着いた空間が目の前に広がる　③カウンター越しの会話も食事の時間を豊かなものにしてくれる

Special

北広島町の『池田屋』から仕入れるジビエは、丁寧に処理され臭みもなく軟らかい。窯でじっくりと焼き上げるので、肉のうま味が凝縮している。

季節のアラカルトの一例 880円〜

旬の食材を巧みに使った料理に舌鼓を。写真は野菜と貝柱のタルタル フェイク唐墨990円、穴子フォアグラ林檎のミルフィーユ1210円、シャインマスカットとブッラータチーズ1650円ほか

Data

nature wine&pub under.

なちゅーる わいん あんど ぱぶ あんだー

☎082-236-9344

[平均予算] 昼／なし　夜／6000円

住 広島市中区流川町4-17
営 18:00〜24:00(LO23:00)　休 水曜
席 カウンター6席　個 なし
C 可　E 可
禁煙
P なし
交 広 八丁堀電停から徒歩5分

一人でも気軽に　夫婦の思いを形にしたアットホームなバル

①本日鮮魚のアクアパッツア1430円や、伝統的な肉団子料理、アルボンディガス820円などのスペイン料理がそろう　②ビルの3階に店を構える。店名はスペイン語で「3階」を意味する　③気軽にゆったりと過ごしてほしいという思いを込めた店内

Special

ストウブで作る牛肉の赤ワイン煮込み980円は、肉と野菜を一緒にじっくりと煮込み、仕上げにハーブを効かせた、軽やかな味わいが人気の一皿。

食事もしっかりと味わえ、バーのように利用もできる……旅行で出合ったスペインのバルの形に憧れたご夫婦。厨房は奥様、ドリンクはご主人が担当し、夫婦二人三脚で店を営む。女性一人でも気軽に入れる店にしたいと、丸いダウンライトや暖色を配した店内は、穏やかで温かな雰囲気だ。ご主人自ら目利きし買い付ける各国のワインを赤・白・泡とそろえる。料理は、旬の魚で作るアクアパッツアに、ニンニクと香草を効かせた食べ応えのあるスペイン風肉団子などが並ぶ。ワインと相性の良いスペイン料理の数々を、ゆっくりと満喫したい。

Data

HP

隠れ家バル　PISO TRES
かくれがばる　ぴそ とれす

070-4554-6676

[平均予算] 昼／なし　夜／3500円

住 広島市中区立町5-2 Tビル3F
営 17:00～22:00（LO21:30）　休 日・月曜
席 カウンター10席、テーブル2席　個 なし
C 可　E 可
禁煙
P なし
交 広 八丁堀電停から徒歩2分

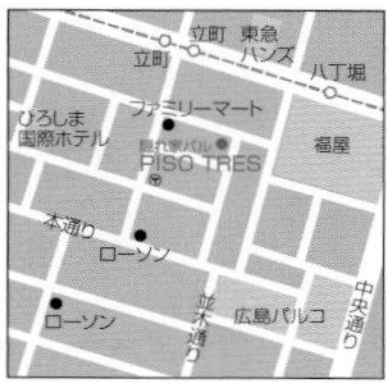

店主の温かな人柄あふれる　肩肘張らないワイン酒場で乾杯

①赤ワインに合うおすすめ料理、牛すじの赤ワイン煮込み1080円。牛筋を軟らかくなるまで6時間じっくりと煮込んで作る逸品。フランスから空輸するバゲットを添えて　②木を基調とした温もりのある店内。窓からは外の通りを眺められる　③木の看板が目印

Special

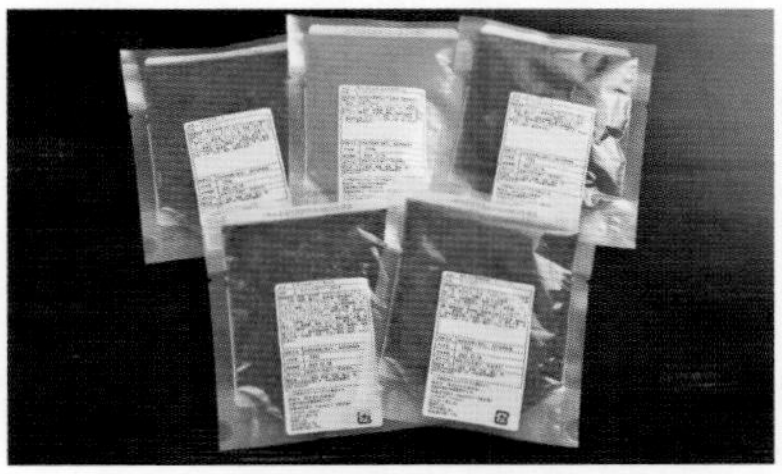

パスタソースやハヤシライスなどのレトルトを、オンラインショップと店内で販売中。電子レンジで温めるだけの簡単調理で店の味を家でも楽しめると好評だ。

東京のイタリアンやフレンチ料理店で20年間修業を積んだオーナーシェフの奥山敦さん。その経験を生かし、誰もが家でくつろいでいるかのように食事を楽しめる店を、故郷の広島に構えた。ワインは自ら試飲し納得できるものを用意。手頃な価格から、ワイン好きなら一度は耳にしたことがある、ぜいたくな一本まで常時40種を置く。料理メニューは赤・白どちらとも合わせられるよう、肉と魚がバランスよく並ぶ。人気のパスタは「エビを使って」、「クリームベースに野菜多めで」など、好みを聞いて調理してくれる、特別感のある一皿だ。

Data

ワイン食堂　**莉庵**
わいんしょくどう　りあん

☎082-246-8707

［平均予算］昼／1000円　夜／5000円

住 広島市中区新天地1-24 中央通壱番館2F
営 11:30～15:00（LO14:30）、18:00～翌2:00（LO翌1:00）、日曜18:00～24:00（LO23:00）　休 不定
席 カウンター6席、テーブル16席　個 なし
C 可　E 不可　分煙 ※ランチ禁煙
P なし
交 広 八丁堀電停から徒歩2分

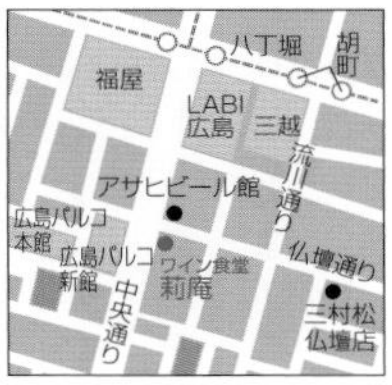

ワイン専門店ならではのラインアップと料理のマリアージュ

①宮島産カキのオーブン焼き各350円〜。大ぶりのカキに、ガーリックバター、キノコトマトソースをのせ、焼き上げる。白ワインの「シャブリ」と相性ぴったり ②開放的な1階は立ち飲み用のカウンターとテーブルを用意 ③2階は12名〜貸し切りができるテーブル席

Special

隣接するワイン専門店「LIQUAR MITOMO」。約1000種そろうワインには、1本780円〜という手頃な値段のものも。ワインのイベントなども実施する。

横川駅から徒歩数分の場所にある一軒。隣接するワイン専門店から届けられる旬のワインは、白・赤・スパークリングなど合わせて常時18種がそろう。軽め、重めなど、その日の気分で好きなものをグラス350円〜楽しめる。そして、一緒に味わいたいのが、本日のキッシュをはじめとするビストロ料理の数々。旬の食材を使用し季節感を大切にしている。ワインに合うよう小麦の配合を考えた自家製の田舎風パンもおすすめだ。ランチでは、ワンプレートランチやパスタなど980円〜用意。夜はワインとのマリアージュを楽しんで。

Data

Instagram HP

Mon Coeur

もん きゅーる

☎082-233-0873

[平均予算] 昼／1000円 夜／3000円

住 広島市西区横川新町2-7
営 12:00〜14:30(LO14:00)、15:00〜22:00(LO21:30)　休 日曜、月に1回月曜不定
席 カウンター10席(立ち飲み)、テーブル18席
個 なし ※12〜30名まで貸し切り可
C 不可　E 不可　禁煙
P なし　交 JR横川駅から徒歩3分

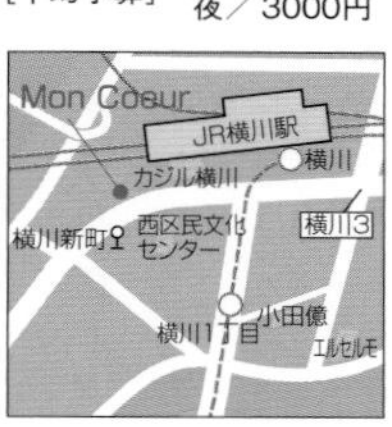

上品で洗練されたサービスと世界中で愛されるワインを

①上質のワインと空間を楽しめるカウンター席は、ケヤキの一枚板が凛とした空間を演出。広くゆったりとした席は一人で訪れるお客様も多く、気軽に心豊かなひと時を過ごせる　②隠れ家的な雰囲気の入口　③世界最高レベルの高性能空気清浄機を導入している

Special

最大約2000本が保管できる店内のワインセラーは、店主自らが設計した自慢の設備。厳選した貴重なワインをここで寝かせ、注目に応じて提供している。

ブルゴーニュとシャンパーニュ専門のワインバー。レストランのサービスマンだった店主が「ワインとともに上質の空間と洗練されたサービスを提供したい」と店をオープン。職人による手拭きグラスを採用し、アンティーク家具やバカラのデキャンタなどがさりげなく置かれるなど、細部にまで店主の本物志向が光る。ラインアップにもこだわり、気軽に楽しめるグラスワインも珍しい銘柄をそろえ、赤は1200円～、白は1000円～用意。シャンパーニュが900円～楽しめる期間限定のハッピーアワーも注目だ。

Data

Le Clos Blanc
るくろ ぶらん

☎082-207-1772

[平均予算]　昼／なし　夜／4000円

住広島市中区堀川町2-10 第2レックスビル2F
営月～金曜17:00～翌1:00、土曜・祝日14:00～24:00　休日曜・第1月曜
席カウンター7席、テーブル8席　個なし
C可　E不可　禁煙
Pなし
交広胡町電停から徒歩3分

美酒に夜景、甘いサウンド
ゆるやかな時を過ごす
メロウな夜

14階から夜景を愛でつつ大切な人とカクテルで乾杯

2020年にオープンしたホテル「THE KNOT HIROSHIMA」の最上階へ。店内にはカウンター席とソファ席、奥には風を感じるテラス席があり、カフェ、17時からはバーとして、多くの人を迎える。窓からは、広島の繁華街の様子や美しい夕日、夜景が見られ、心に残るすてきな時間が過ごせそう。間接照明が美しく光るバータイムには、広島名産のカキ料理や地元こだわりの燻製専門店から仕入れたおつまみフードと一緒に、地酒を飲み比べる楽しみ方も。有名ホテルのバーテンダーとして経験を積んだ和田颯輔さんの一押しは、広島が誇るクラフトジン「SAKURAO GIN」を使ったカクテル。季節の果実とジンが融合した特別な一杯を心行くまで。

Special

厳選素材で造られる「SAKURAO　GIN」の数々。飲食店限定や、全てのボタニカルを広島産にこだわった「LIMITED」もある。

①左から、梨とSAKURAO GINを合わせた梨のジントニック1400円、SAKURAO HAMAGOUで作るホワイトレディ1200円、イチゴのカクテル1400円　② 街なかの好立地　③フロントとパブリックスペースを兼ねており、ガラス張りの窓からは、広島市街が望める

2面ガラス張りの店内にカウンター席とソファ席、圧巻の夜景が見えるテラスにテーブル席とソファ席があるので、シーンに応じて使い分けて。食事やスイーツ、ソフトドリンクも充実

Data

Rooftop Bar　Kei
るーふとっぷ ばー　けい

☎082-545-1190

[平均予算]　昼／1000円　夜／2500円

住広島市中区大手町3-1-1 THE KNOT HIROSHIMA14F
営14:00～23:00（LO22:30）　休なし
席カウンター5席、テーブル75席　個なし
C可　E不可
禁煙
Pなし
交広中電前電停から徒歩3分

忙しない日常を忘れさせてくれる　気遣いに満ちた夜のオアシス

①店内奥にはカリモクのソファ。チャージ男性1100円、女性550円
②英国王室へ敬意を表す皇礼砲に由来するスコッチウイスキー「ローヤルサルート」
③コスモポリタンマティーニ1100円、テキーラサンライズ940円、シンガポールスリング1320円

Special

気分や体調をさりげなく尋ねてくれる温かな接客に心が和む。好みを把握して勧めてくれる一杯も素晴らしく、リピーター多数なのも納得。

安らぎを連想させるグリーンの看板が目印で、扉を開けるとシックな空間が広がる。移転を機に足のつくローカウンターにチェンジ。肩甲骨まで包み込む背もたれとひじ掛け付きチェアをゆったり配置し、よりくつろげるよう心を砕いた。女性店主の美しい手さばきから生まれるのは、色鮮やかなカクテルや芳醇な香りの樽熟成酒など。チャームにはナッツ類のみならず、野菜の煮びたしやきんぴらといった手作りの品が並ぶのも心憎い計らいだ。女性一人でも気軽に立ち寄れ、「隠れ家」を意味する店名通り、心ほぐれるひと時を提供してくれる。

Data

BAR Retreat
ばー りとりーと

☎082-249-3921

[平均予算]　昼／　なし　夜／3500円

住 広島市中区堀川町3-8 ITEZAⅢ4F
営 20:00～翌2:00　休 日曜、不定
席 カウンター8席、テーブル8席　個 なし
C 可　E 不可
喫煙
P なし
交 広 八丁堀電停から徒歩5分

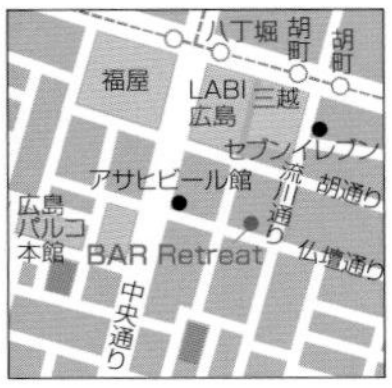

厳選したお酒と確かな技術でこだわりぬいた最高の一杯

①全国泡盛カクテルコンペディション総合グランプリ受賞『美ら乙女』1100円、ジントニック990円、モスコミュール1100円は看板メニュー　②二人のバーテンダーが腕を競う　③ミッシェルドラクロワの絵画、コルビュジエのソファーと上質な空間を演出

Special

季節のフルーツカクテル1100円〜。常時10種以上のフレッシュフルーツをそろえ、果汁の良さを引き立たせたオリジナルカクテルを提供。

２００本以上のボトルが並ぶ圧巻のバックバーに、一枚板のカウンターが存在感を放つ。50周年を迎えた老舗店を営むオーナーの石本和大さんは、「シンプルで誤魔化しがきかないスタンダードカクテルほどバーで飲んでほしい」と話す。店を代表する一杯でもあるモスコミュールは、自家製ジンジャーウォッカに国産ジンジャーエールを使い、銅のカップで提供するなど細部にまでこだわりをみせる。他にもウイスキーやワインはもちろん、樽生のピルスナー・ウルケルなど厳選したお酒がそろう。自分好みの一杯との出合いを求めて訪れたい。

Data

HP

BAR 両歓

ばー りょうかん

0823-71-6009

［平均予算］　昼／なし　夜／3500円

住呉市広本町1-2-7
営月〜木曜17:00〜翌1:00、金・土曜〜翌2:00、日曜・祝日〜24:00　休不定
席カウンター7席、テーブル3席　個なし
C可　E可　喫煙
Pなし
交JR新広駅から徒歩10分

古民家を改装したなごやかなバーで心ほぐれるひとときを

①古民家を改装した店内はソファ席やカウンター席があり、用途に応じて楽しめる。2階は16名までの個室を用意　②広島県産のクラフトジン「桜尾オリジナル」を使用したenishiジントニック990円　③伝説の牛タンシチュー2530円はとろけるほど軟らか

Special

ショウガを漬け込んだウォッカと国産ジンジャーエールを使ったモスコミュール1000円。創業当時からの看板メニューで多くの人が注文する。

扉を開けると、ゆったりと落ち着いた雰囲気が漂い、まるでそこだけ時が止まったかのような空間が広がる。寒さが厳しくなるとテーブルを囲むように置かれた暖炉に火がともされ、なごやかな時間を過ごすことができるのも魅力だ。オーナーは廿日市市のSAKURAO DISTILLERYが作る「桜尾」の開発に携わり、アンバサダーも務めている。その「桜尾」を使用したenishiジントニックは、ボタニカルとの相性を考え、ライムではなくレモンを使用し、最後にオレンジの香りをピールした特別な一杯。ぜひ堪能してほしい。

Data HP

BAR enishi

ばー えにし

☎082-426-3570

［平均予算］ 昼／なし 夜／3000円

住 東広島市西条岡町4-8
営 20:00～翌2:00（LO翌1:30）※金・土曜～翌3:00（LO翌2:30）、日曜～24:00（LO23:30）
休 月曜、不定
席 カウンター9席、テーブル52席　個 16名用1室
C 可　E 可　喫煙
P なし　交 JR西条駅から徒歩3分

70年代ソウルミュージックを体感　広島屈指の胸熱な空間

①ミラーボールが輝く店内には、懐かしくもかっこいい70年代のソウルミュージックがかかる　②「音楽やお酒を通してコミュニケーションを楽しんでほしい」と、ソウルミュージックとともに生きてきたマスター　③カクテルは600円〜。簡単なつまみも用意されている

Special

カウンターやボックス席のほか、2つのロフトがあるのもこの店の特徴。R&Bに身を委ね、老若男女が集う会場を見渡しながら飲むお酒も格別だ。

わくわくする気持ちを抑えながら地下へ降り扉を開くと、70年代に心を焦がしたソウルミュージックが響く。ここは、あの頃のディスコミュージック、ソウルミュージックを聴くことができるバーだ。店内は、客席のほかにＤＪブースやステージ、ダンスフロアで構成されており、一人一人思い思いにリズムに身を任せ、音楽とお酒を楽しむことができる。週末は常連客たちが、ソウルダンスのステップを踏み、ダンスを楽しむ姿も。往年のＲ＆Ｂファンだけでなく、現在の音楽のルーツに触れたい若者世代も楽しむことができるはずだ。

Data　f　HP

SOUL TRAIN GANG

そうる とれいん ぎゃんぐ

☎082-246-4123

［平均予算］　昼／　なし　夜／2000円

住広島市中区新天地1-9 新天地レジャービルB1F

営18:30〜翌3:00、祝日〜翌1:00　休日曜 ※パーティーの場合は応相談

席カウンター10席、テーブル50席 ※スタンドで100名まで　個なし

C不可　E不可　喫煙　Pなし

交広八丁堀電停から徒歩4分

HIROSHIMA A GOURMET

お好み焼

鉄板からアツアツを
ソースの香りに心躍る
広島のソールフード

人気製麺所発　麺を知り尽くす男たちが作るお好み焼

県内を中心に200店以上のお好み焼店へ毎日麺を提供し、熱烈な支持を集め続ける『磯野製麺』。製麺所内の2階に店舗を構える『お好み焼　まるめん』では、店主の磯野 学さんが他店とは一線を画す一枚を焼き上げる。その秘密はやはり麺にあり、製麺所を取り仕切る学さんの兄・晃さんが、磯野製麺専用の小麦粉と先代から受け継いだ秘伝のかんすいを使用し、創業から変わらぬ製法で毎日手作りしている。麺の特徴を知り尽くしている二人だからこそできる、最高の状態に仕上げられたお好み焼が、目の前に運ばれてくるのだ。ソースは少な目で、まさに麺を味わうためのお好み焼。この味に魅了された人たちが何度も足を運ぶというのもうなずける。

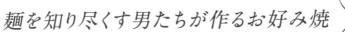

1

Special

お好み焼用の麺そのものの味を楽しむことができる、ざるめん600円。刻み海苔と煎りゴマを薬味として、ワサビを付けてめんつゆでいただく。

3

2

①鉄板焼メニューのホルモン1000円。鉄板焼メニューは常時30種以上がそろう　②鉄板を目の前にするカウンター席のほか、テーブル席、テラス席も　③マツダスタジアムのすぐそばにあり、熱烈なカープファンも足しげく通う。窓を開ければにぎやかな歓声が届いてくる

まるめん 1000円

外はパリっと、中はジューシーに、麺の甘みを存分に引き出すよう焼かれた麺を、豊富な具材（肉、玉子、生イカ、イカ天）とともに楽しめる人気No.1メニュー。麺のうまさを味わってほしい

Data

お好み焼　まるめん本店
おこのみやき　まるめんほんてん

☎082-298-8903

[平均予算]　昼／1000円　夜／2000円

住広島市東区東蟹屋町18-15 磯野製麺2F
営11:00～15:00(LO14:30)、17:00～21:00(LO20:30)
休月曜・第2・4火曜 ※祝日の場合は翌日休み
席カウンター8席、テーブル2席、テラス2席
個なし　C不可　E可
禁煙(テラス席は喫煙可)　P4台
交Ｊ広島駅から徒歩13分

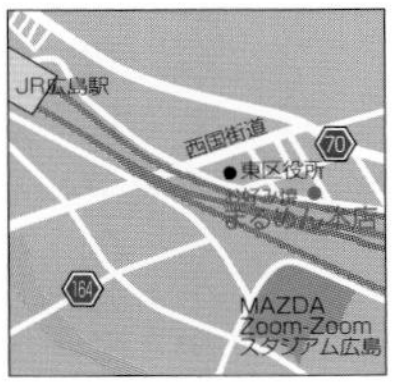

特製ソースなど7つのこだわりで焼き上げる唯一無二のお好み焼

①カテカテ焼きプレミアム1848円。お酒との相性も良いので、神レモンサワー638円と一緒に　②バリ島のリゾートホテルを思わせる店内にはジャズが流れる。デートにもおすすめ　③店名はバリ語で「元気」「癒やし」を意味する単語を組み合わせている

Special

唯一無二を証明する特製ソース。2種の地ソースと自家製赤ワインソースをブレンドしているためコクがあり、ほのかに赤ワインが香る。

100軒以上のお好み焼を食べ歩いたオーナーの梅田幸生さんが、修業と研究を重ねて完成させた、カテカテ焼き1364円が看板メニュー。素材の一つ一つを厳選した国産野菜、世羅の卵、ごく細麺、味を決めるオリジナルソースなど、7つのこだわりがここだけの味を生み出す。おすすめのカテカテ焼きプレミアムは、牛赤身最上級部位のヒレ肉のステーキがのる一枚。お好み焼と絡み合う軟らかな肉のうま味と迫力あるビジュアルに、これを目当てに訪れる人も多い。そのほか、広島産カキや牛タンなどの各種鉄板焼きメニューも人気だ。

Data

大人のお好み焼き　kate−kate
おとなのおこのみやき　かてかて

☎082-870-3096

[平均予算]　昼／1500円　夜／2000円

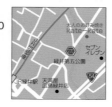

住 広島市安佐南区緑井5-18-4
営 11:00〜14:00(LO13:30)、17:00〜21:00(LO20:00)　休 月・火曜
席 テーブル16席　個 なし
C 可　E 可　禁煙
P 3台
交 J緑井駅から徒歩5分

広島産食材をふんだんに使って焼き上げるスペシャルな一枚

①月見ねぎ庵スペシャル（ランチ800円、夜1188円）。温暖な倉橋島の契約農家で栽培される宝島ネギの上に、世羅産卵の卵黄がのる　②白い提灯が見えたら、階段を下りてすぐ　③素早いヘラさばきが見えるカウンター席の他、テーブル席、個室を用意

Special

卵にたっぷりのマヨネーズを入れ、大葉がアクセントでさっぱり味の塩マヨスペシャル（ランチ800円、夜1078円）は、賄いから生まれた逸品!

数あるお好み焼店の中でも、コクのある世羅産卵や、辛みが少なく軟らかい倉橋産の宝島ネギ、山本食品（広島市）の生麺といった、広島産食材にこだわる一枚を提供している。定番メニューの他、チーズやマヨネーズ、大葉などを使ったスペシャルメニューも人気。一押しの月見ねぎ庵スペシャルは、宝島ネギがこぼれんばかりにトッピングされていて、ネギの甘みや軟らかさが存分に味わえる。ネギと相性の良いカープソースをかけて、パリパリになるまでしっかり焼いた麺の食感も楽しんで。店の奥には個室があるのもうれしい。

Data

ねぎ庵　紙屋町店

ねぎあん　かみやちょうてん

082-222-8282

［平均予算］昼／1000円　夜／2000円

住 広島市中区基町13-13
営 11:00〜15:00（LO14:30）、17:30〜23:30（LO22:30）　休 なし
席 カウンター8席、テーブル16席
個 4名用2室、8名用1室　C 可　E 可　禁煙
P なし
交 広 立町電停から徒歩3分

カリッ、トロッ、フワッ　異なる食感と個性が光るお好み焼

①クリスピーな食感で、中から半熟の卵があふれる看板メニューの国泰寺焼き。ニンニクとショウガが効いたソースの香りが食欲をそそる。昼はサラダ付き　②2階はテーブルとカウンター席　③広島市中央郵便局のすぐ北側にあるビルの2・3階

Special

人気の和牛コーネ刺し(炙り石付き)1200円。熱された石で自ら肉を焼き、好みで野菜を巻いて食べる。自家製の醤油ベースのタレとともに味わって。

お好み焼をはじめ、地産地消をテーマに広島の食材を使った一品料理などの鉄板グルメが味わえる店。一般的なお好み焼とは一線を画す国泰寺焼き(昼730円、夜780円)は、中に入れて焼いた半熟状態の卵がトロッとあふれ、特注の細茹で麺を香味油でカリッと焼き上げた表面との相反する食感がたまらない一枚。他にも豚バラ肉の代わりに豚トロを使用したり、ヘラで押さえつけずキャベツのフワッとした軟らかさを残したりと、オリジナリティーに富んだ工夫が凝らされている。夜は豊富に揃う広島の銘酒と合わせて楽しんで。

Data

鉄板焼・お好み焼　**花子**　本店

てっぱんやき・おこのみやき　はなこ　ほんてん

☎082-240-0875

[平均予算]　昼／　800円　夜／3000円

住広島市中区国泰寺町1-3-14 OS2ビル2F・3F
営11:00～14:00(LO13:30)、17:00～23:00(料理LO22:00、ドリンクLO22:30)　休日曜、祝日
席カウンター6席、テーブル30席
個28名用2室、32名用1室　C可　E可
禁煙　Pなし
交広中電前電停から徒歩3分

3種の魚粉から選ぶ進化系　うま味を味わうお好み焼

①魚介系お好み焼き750円。魚粉のうま味がしっかり感じられるよう、中と表面にまんべんなく振りかけている。麺は磯野製麺の生麺を使用　②昔ながらのお好み焼屋さんの風情あふれる店内　③地元テレビ番組でも紹介されわざわざ遠くから訪れる人も

Special

奥深いうま味のアゴ、独特のパンチがあるサンマ、和風に仕上がるカツオ、3種の魚粉はそれぞれに良さがある。三度通ってぜひ食べ比べしてみて。

一番人気の魚介系お好み焼きは、仕上げに振りかける魚粉をアゴ、サンマ、カツオの3種から好みのものをチョイス。いずれもうま味が強く、麺を炒める際にもガーリックパウダーと混合節粉を加えているので、ソースを少なめにして味わうのがおすすめだ。醤油と日本酒で味付けしたエビやイカがたっぷり入った「まっちゃんスペシャル」１０５０円、オムチーズ９５０円など、ほかのお好み焼でこの3種の魚粉を試したい場合は＋50円でトッピングすることも可能。熱々餃子４００円などの鉄板で仕上げるおつまみ各種も楽しめる。

Data

お好み　まっちゃん
おこのみ　まっちゃん

☎0823-75-0315

[平均予算]　昼／　800円　夜／　2000円

住呉市阿賀中央7-7-39
営11:00～14:00(LO13:30)、18:00～21:00(LO20:30)　休水曜
席カウンター3席、テーブル12席　個なし
C不可　E不可　禁煙
Pなし
交Ｊ安芸阿賀駅から徒歩1分

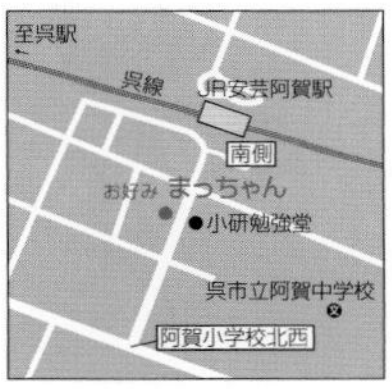

カレー

シンプルで奥深い
スパイス料理
店ごとの個性を楽しんで

奥深き魅力を放つ〝あいがけカレー〟の世界へようこそ

インドやスリランカで、本場の味を研究した店主の宮本和輝さんによるカレーとスパイス料理の店。ターメリックや唐辛子、クミンなど、20種以上から具材に合わせて選んだスパイスと、米油や酵素塩など、体に負担の少ない材料で生み出すカレーは、日替りの3種を用意する。どれか一つを選ぶのもいいが、イチオシは3種のあいがけ。数種の副菜と共に、それぞれのカレーを楽しんだ後は、副菜との組合せを試し、好みの味を追求。最後は全部を大胆に混ぜて食べるのがおすすめ。「混ぜた時においしくなるよう計算して作っています」と宮本さん。また、併設する醸造所のクラフトビールとの相性は言わずもがな。カレーとビールで乾杯する昼時間も魅力的だ。

①夜限定のスパイス料理も要チェック。パクチーと花山椒を効かせた、アジアの屋台で出てくるような〆サバ600円　②店内からは隣接する醸造所の様子を見ることもできる　③江波電停近くの店。イベント出店を経て、2019年に念願の店舗をオープンした

Special

カレーやスパイス料理と楽しみたい『セッションズブリュワリー』のビールは、季節限定も含め5種以上の瓶ビールを用意。生で味わえる銘柄もある。

Data

ぱんちょり.

ぱんちょり.

082-299-7232

［平均予算］　昼／1500円　夜／2000円

住 広島市中区江波東1-12-39
営 12:00～15:00（LO14:30）※カレーが売切次第終了、18:00～21:00（LO20:30）　休 月・火曜
席 カウンター4席、テーブル8席　個 なし
C 可　E 可
禁煙　P なし
交 広 江波電停から徒歩1分

カレー 3種盛り 1400円

写真は、チキンカレー、サンバル（豆と野菜のカレー）、ケララシチュー（サーモン入りココナッツカレー）が登場。副菜は、チャトニ（トマトの佃煮）、ポリヤル（ココナッツの炒めもの）など7種

地元野菜とスパイスの掛け合わせ　変化を楽しむスパイスカレー

①ターメリックライスに気まぐれカレー（写真は茄子牛筋カレー）とチキンカレーをあいがけした、気まチキ1200円。気まぐれは季節によって広島産のカキやワタリガニが登場することも　②目を引くカラフルな外観　③店内は元スナックのレトロな雰囲気を残す

Special

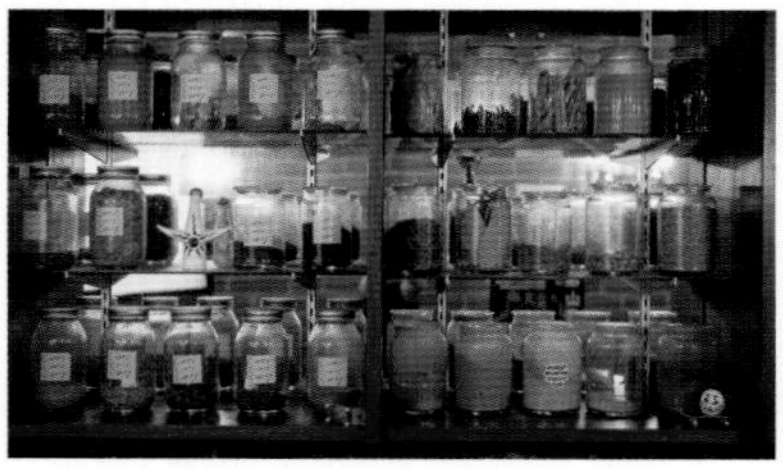

常時20種以上のスパイスをそろえる。具材ごとに使い分け、一つのカレーに5、6種を配合。卓上のカイエンペッパーで好みの辛さに調整できる。

オーナー夫妻が、スパイスカレーブーム発祥の地、大阪で学んだ味をベースに地元の野菜を合わせたこだわりの一皿を提供する。メニューはチキンカレー1000円、数日ごとに替わる気まぐれカレー1000円に、両方を味わえるあいがけを用意。口に運べば、それぞれの具材に合わせて調合されたスパイスの心地良い刺激と、採れたて旬野菜のうま味が広がる。また、ピクルスやラペ、ワカメやカツオ節など、ワンプレートを彩る副菜はどれもカレーと見事に調和。合わせる副菜によって異なる食感や味の変化を楽しんで。

Data

旧水曜カレー

きゅうすいようかれー

0849-19-0331

［平均予算］昼／1500円　夜／2500円

住 福山市伏見町4-16
営 11:00～15:00（LO14:30）、17:00～20:00（LO19:30）、日曜11:00～15:00（LO14:30）
休 月曜、第2・4日曜
席 テーブル7席　個 なし
C 不可　E 可　禁煙　P なし
交 J 福山駅から徒歩5分

宮島にある築250年の古民家でいただく本格派スパイスカレー

①酸味と甘みが絶妙なニンジンのサラダが付いたパキスタンカレー900円。散らしたカスリメティの香りとピンクペッパーが、食味を豊かにしてくれる　②かつて、宮島のメーンストリートであった町家通りに佇む　③併設のギャラリーは、県内外の作家が活用

Special

紅茶専門店「TEEJ」の茶葉を使った、アールグレイの香り高いシフォンケーキのセット900円。都度ホイップする濃厚な生クリームとの相性も抜群。

町家通りでひと際目を引く古民家は、江戸時代から続いた宮島杓子の老舗卸問屋「宮忠」を再利用したもの。初代店主がカフェとして生まれ変わらせ、現店主の宮郷哲弥さんがカレーをメニューに加えた。毎日の仕込みは7種のスパイスを挽くことから始まる。オリーブオイルで香りを引き出し、野菜から出る水分だけで鶏肉をじっくりと煮込み、仕上げに蒲刈産の藻塩で味を調整する。素材の味を最大限に引き出したカレーは、コク深くスパイシーで、わざわざ島に渡ってでも味わいたい。カレーはルーのみのテークアウトも可能。

Data

ぎゃらりぃ宮郷

ぎゃらりぃみやざと

0829-44-2608

［平均予算］　昼／　800円　夜／　なし

住 廿日市市宮島町幸町東表476 町家通り
営 10:00〜18:00（LO17:30）　休 水曜
席 カウンター4席、テーブル26席　個 なし
C 可　E 不可
禁煙
P なし
交 宮島桟橋から徒歩10分

厳選した素材で作る　マニアも唸る本格南インドカレー

①CURRY3種Set1400円。写真はインド米ハーフ200円をセットにプラス。混ぜて食べると辛味や酸味、甘みなど、味の変化が楽しめる。14時までのランチタイムはチャイがセットに　②外観は店主自らリフォーム　③スパイスを栽培している庭を見渡せる店内

本川町から府中町に移転オープンしたインドカレーの名店。化学調味料や添加物を使用せず、有機野菜や自家栽培の無農薬野菜を使った南インドスタイルのカレーが味わえる。インドに魅せられた店主が作る本場の味を求めて、県外から訪れる人もいるそう。カレーは日替りメニューから1～3種を選び、ライスと食べるのが基本スタイル。インド米と豆で作るクレープのようなドーサや、自家製のヨーグルトなどがトッピング可能。自分好みのスタイルで味わって。季節に合わせた手作りケーキやアイスクリームも用意、カレーの後に楽しめる。

Special

シナモン、カルダモン、クローブなど、数種のスパイスが香るさわやかなインドのアイス・クルフィ。スイーツも充実しているためカフェ利用もおすすめ。

Data

インド料理　**ケララ食堂**
いんどりょうり　けららしょくどう

☎082-569-7585

[平均予算]　昼／1000円　夜／なし

住 安芸郡府中町鶴江1-24-5
営 11:00～売り切れまで　休 月～木曜
席 テーブル15席　個 なし
C 不可　E 不可
禁煙
P 3台
交 Ⓙ天神川駅から徒歩15分

目の前に広がる絶景とやさしい味わいのカレーをいただく

①ボリューム満点、挽肉たっぷりじぃじのキーマカレー1100円。すべてのメニューにサラダと世羅町産の卵を使ったやさしい甘さの手作りアイスが付く
②5年かけて自宅を改装したログハウスの店
③天気の良い日には四国も見える絶景が店内から眺められる

Special

地元福山の黒田珈琲工房で自家焙煎されたホットコーヒー500円。オーナーおすすめの濃さで入れてくれるが、好みをオーダーすることも可能。

福山市広瀬地区の山頂にひっそりと佇むカレー専門店。「最初は趣味でカレーを作り始めて、友人に勧められてイベントに出店するだけだったんです」と話すオーナーが目指すのは、日本人好みのカレー。ベースになるのは、ハチミツや玉ねぎ、トマト、リンゴ、ヨーグルトなどをふんだんに使用し作り上げるルーだ。辛さは子どもでも食べられるマイルド・中辛のレギュラー・辛口のホット（1辛〜5辛）と3種の中から選べる。数種をブレンドしたスパイスは、じわじわとくる辛さがやみつきに。ライスは大盛り無料なのもうれしい。

Data

北山カリー工房

きたやまかりーこうぼう

☎070-3772-8878

［平均予算］ 昼／1500円 夜／なし

住 福山市加茂町北山381-1
営 11:00〜15:00（LO14:30）
休 火〜木曜、第3・5日曜
席 カウンター3席、テーブル19席、テラス10席
個 なし　C 不可　E 可　禁煙
P 10台
交 山陽自動車道福山東ICから車で約30分

Gourmet order

広島の絶品"お取り寄せ"

新しい生活様式に欠かせない存在となった「お取り寄せ」。店でしか出合えなかったあの美味を家でも堪能したい

日本料理 肉菜 百福 の

猪と鹿のキーマカレー(1人前)…900円

❶

❷

東広島市豊栄町産のジビエを使った、優しくも深みのあるカレー

肉と和食を掛け合わせた料理を提供する和食店。ジビエを食べることにもっと馴染みを持ってほしいと、誰もが食べやすい味を目指した、ジビエカレーがお取り寄せ商品として登場。ジビエ肉、野菜、香辛料とシンプルな材料で作るカレーは、程よい辛さの中に甘みとコクが感じられて絶品。ジビエ肉の弾力ある食感も良いアクセントに。また、コース料理の最後に提供している百福プリン600円もテークアウトを始めた。味が濃い世羅産の卵を使い、濃厚ながら後味はさっぱりで、店でも好評の一品。

❶調理方法は湯せんで温めるだけ。野菜や温泉卵をのせるのもおすすめ
❷蒸すことで、とろりと滑らかな口当たりに。問い合わせや注文は電話で

注文はこちらから

日本料理 肉菜 百福

TEL 082-236-6878　HP https://momofuku0520.thebase.in/

住広島市中区胡町3-25 バイオレットビル5F　営17:30～20:30　休日曜

割烹宇恵喜 の

大喜 瀬戸内セット(1～2人前)…5400円

※写真は冬の一例

旬のおいしさにこだわった、自宅で魚料理を気軽に味わえる総菜

大竹の老舗割烹料理店が「旬の魚を食べることで魚本来のおいしさを楽しんでもらいたい」と季節ごとに内容を変えた総菜を販売。鮮度にも気を遣い、その日に仕入れたものを調理して、真空パックに詰める。親戚や子どもへ栄養満点の魚料理を食べてほしいと贈り物として購入する人も多いそう。

割烹宇恵喜

TEL 0120-545-250

HP http://kappou-ueki.jp/oyorokobi/

住大竹市小方1-4-12
営11:00～14:00、17:00～20:30(LO20:00)
休木曜

注文はこちらから

白李グループの
焼肉白李BBQセット（4～6人前）…7500円

いつものバーベキューを格上げ、高い鮮度と品質が自慢のBBQセット

1996年創業、広島の老舗精肉・焼肉店から、お家焼肉やバーベキューにぴったりの詰め合わせが登場。黒毛和牛カルビを含め、牛肉4種に、豚トロや長州地鶏モモなど、牛・豚・鶏がバランスよく入り、合計1kgとボリュームも満点。あっさり味の秘伝のつけたれが入っているのもうれしい。

注文はこちらから

白李グループ TEL 082-208-2935 HP https://yakiniku-hakuri.stores.jp/

住広島市西区南観音7-16-18 営11:00～20:00（LO19:30）休不定

薪窯で焼き上げた本格ナポリピッツァを家で手軽に味わう

ナポリで開催されたピザの世界大会で、金メダルを獲得した名店から冷凍ピッツァショップが誕生。店内の薪釜で焼いたピッツァを急速冷凍し、真空包装することで、できたての風味までも閉じ込め、家庭で焼きたて感を再現できるように。セット販売のほか、店舗では1枚での販売もあり。

注文はこちらから

Pizza Rivaの
大人気ピッツァ 3枚セット…3500円

Pizza Riva TEL 082-293-4741 HP https://paparivapizzariva.com/

住広島市西区横川町1-7-20 営11:30～LO14:00、17:30～LO21:00※生地売り切れまで 休火曜※祝日の場合翌日

池口精肉店の
オススメのお試しセット…3780円（オンラインショップでの販売のみ）

どれから食べようか悩ましい、肉のプロが作る絶品肉総菜の数々

目利きの職人が仕入れる肉や総菜を求め、多くの人が足を運ぶ福山の人気店。一口噛めば、うま味と甘みが口いっぱいに広がる、サクッジュワ食感のミンチカツをはじめ、店頭でも人気の5点を詰め合わせに。またオンラインショップでは、多種多様な商品がそろうため肉好きの人は要チェック。

注文はこちらから

池口精肉店 TEL 084-953-9799 HP https://shop.ikeguchi-meat.jp/

住福山市新涯町5-31-39 営10:00～19:00 休水曜

懐かしさが漂う喫茶店で味わう手作りのカフェメニュー

紙屋町の人気カフェ『コリタカフェ』の2号店としてオープン。置かれているテーブルや壁掛け時計などはどれも懐かしさが感じられ、まるで昭和の時代にタイムスリップしたかのよう。レトロ感あふれる店内でくつろぎのひとときを過ごせる。「気負わず気取らず自然体で、お客様に喜んでもらえることをしたい」と、人気のスイーツに加えて〝今週のご飯〟と題したランチメニューを提供。丁寧に手作りすることにこだわり、栄養バランスも考えられているため、おいしさに魅了されたお客から作り方を聞かれることも多いという。『コリタカフェ』で提供されていた一番人気の、ほうじ茶とホワイトチョコのチーズケーキ600円が楽しめるのもうれしい。

入り口のレジ横に並ぶ焼き菓子も人気の品。クッキーやフロランタン、木イチゴを使ったパウンドケーキなどに加え、月替わりの焼き菓子も登場する。

①甘めのベースにスパイスを効かせ、牛肉たっぷりで子どもも食べられる辛さのビーフカレーライス900円。リピーターも多い　②板張りに黒い看板のコントラストが映える外観が目を引く　③レトロな雰囲気の店内に流れるBGMは、誰もが聞きなじみのあるビートルズ

今週のご飯 1000円

肉のおかず、サラダ、2品の副菜、ご飯、味噌汁が付いた定食はランチで提供。ドリンクやスイーツもセットが可能。家庭にある材料で構成され、写真のメーンは甘辛ダレがかかった唐揚げ

Data

コリタ喫茶

こりたきっさ

082-554-5559

[平均予算] 昼／1000円　夜／なし

住広島市中区広瀬北町2-5 ファインドアクロス1F
営11:00〜17:00(LO16:30) ※ランチはなくなり次第終了
休月・火曜、不定
席カウンター2席、テーブル14席　個なし
C可　E可　禁煙
Pなし
交広別院前電停から徒歩2分

人が集まりつながる　食を通して和の文化を伝える場所

①6～8種のおかずとご飯、汁物とデザートがセットになった「週替わりのおばんざいお弁当」1650円　②文化を伝える一環として、書道や和太鼓などのイベントも店内で催される　③「食べるだけでなく、集いつながる場所となれたら」と高瀬さんの思いが募る

Special

ラム酒を加え深みを出したカラメルと、しっかりと焼かれた「大人のプリン」330円。ほか、少し和のテイストを加えたデザートや洋食も豊富。

その昔、近所の人たちから「柿尾坂」として親しまれた住宅街の中にある小さな坂。そのすぐそばに佇む築１００年以上を経た古民家を改装した店で、料理研究家として広島を中心に活躍する高瀬千鶴さんが腕を振るう。和の物（和食）を主体とし、おばあちゃんが家で作ってくれるような昔ながらの素朴なメニューが、見た目も味も少し現代風にアレンジして運ばれてくる。化学調味料を使わず、地産地消にこだわって一から手作りする、やさしい味付けの料理がお腹を満たし、古民家に流れるゆっくりとした時間が心を和ませてくれる。

Data

cafe&gallery　柿尾坂

かふぇあんどぎゃらりー　かきおざか

0829-31-0359

[平均予算]　昼／1500円　夜／なし

住 廿日市市天神1-3
営 9:30～18:00（LO17:30）　休 月～水曜
席 カウンター2席、テーブル8席、座敷12席
個 4名用1室、6名用1室
C 不可　E 可　禁煙
P 4台（店前に2台、離れた場所に2台）
交 広 廿日市駅から徒歩3分

昭和から令和まで福山っ子の胃袋を満たし続けるガッツリ定食

①一番人気のチキン南蛮定食980円（Aタイプ）。オリジナルの甘酢餡とタルタルソースが絶妙なバランスで絡み合う。米は世羅産を使用　②2013年に以前の店舗の近くに移転　③天井が高く、開放的な店内。カフェのような雰囲気で女性一人でも入りやすい

Special

二代目から受け継いだオムライス690円。昔ながらのシンプルな味で、幅広い世代に人気。写真の普通サイズで、ライスの量は驚きの400グラム！

昭和32年の創業以来、変わらない味とスタイルで愛され続ける町の定食屋。初代から受け継ぐ中華そばをはじめ、親子丼、やきめし、鶏のから揚げ、肉ニラ炒めなど、ガッツリ系のメニューが勢ぞろい。定食は、ご飯と味噌汁をおかわりできるAタイプか、メーン料理は少なめだが小鉢1品とドリンクが付くBタイプから選ぶことができる。「食べても飲んでも胃袋と財布にやさしい店です。お腹を満たしに訪れて」と三代目の田中宏尚さん。夜は一品料理や丼メニューが増え、酒類も充実しているので、居酒屋として利用する人も多いそうだ。

Data

大衆食堂 ゑびすや
たいしゅうしょくどう えびすや

084-933-2612

［平均予算］昼／ 800円　夜／ 1000円

住 福山市今津町10-7
営 11:00〜15:00（LO14:30）、17:00〜22:00（LO21:00）※日曜11:00〜15:00（LO14:30）、17:00〜21:00　休 月曜 ※祝日の場合は営業
席 カウンター4席、テーブル24席　個 なし
C 不可　E 可　禁煙
P 11台　交 J 松永駅から徒歩3分

海を臨む定食屋で女将の目利きがさえる鮮魚料理を堪能

①煮付定食2200円は、魚の大きさ、新鮮な身の張りに驚かされる。うまさの秘訣の煮汁は、毎日上澄みを捨て味を調えるため、塩辛くなく見事なコク ②海に面してガラス張りで、どの席からも眺めが良い ③大芝大橋が間近に望める景観も魅力

Special

東広島市・安芸津風早を中心に仕入れる大ぶりのカキを使用したカキフライ1980円。濃厚でジューシーな上、ボリュームも満点。

和洋中の幅広いメニューの中でも、特に「魚料理が絶品」と評判の定食屋。女将の本庄勝子さんは、祖父母が営む魚問屋を手伝っているうちに魚の目利きや包丁さばきを身に付けたという。おすすめの煮付定食や黒浜御膳は、タイやメバル、カワハギなどその日入荷した数種の地魚から好みのものが選べる。煮付け用の煮汁は、コク深くあっさり。冬には大ぶりのカキも登場し、これ目当てに訪れる人もいるほど人気となっている。「自分が食べたくないものは提供しません」という女将。その心意気が表れた満足度の高い料理が味わえる。

Data

黒浜 ドライブイン
くろはま　どらいぶいん

☎0846-45-0771

［平均予算］昼／2000円　夜／なし

住 東広島市安芸津町小松原5
営 10:30〜15:00、土・日曜・祝日10:00〜17:00
休 水曜 ※祝日の場合は翌日休み
席 テーブル40席、座敷40席　個 なし
C 不可　E 不可　禁煙
P 30台
交 Ⓙ風早駅から車で約5分

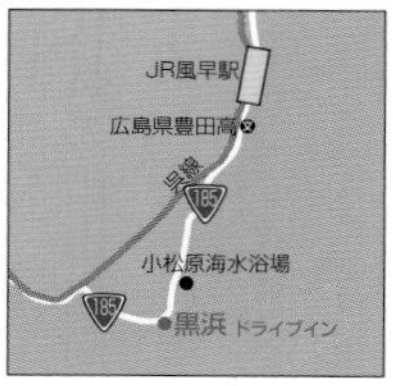

小学校を改装した世羅の宿　地元の味覚がたっぷり味わえる

①世羅づくし1980円。軟らかく、脂のしつこくない世羅牛ステーキに、季節の天ぷらや手作り味噌を使った野菜たっぷり味噌汁など世羅産食材満載の和風御膳　②世羅の宿ひがしでは、農業体験やネイチャーズクラフト作りも企画　③どこか懐かしさを感じる店内

Special

世羅豚のトンカツが味わえる、世羅の夢カツ定食990円。肉のうま味、脂の甘みを引き出す穀物を使った飼料を与えて育てた豚を使用。

閉校した旧世羅町立東小学校をリノベーションした宿泊施設「世羅の宿ひがし」の家庭科教室を、食事処として活用したのがはじまり。宿泊客以外でも、水～金曜にランチを食べに訪れることができる。調理を担当するのは、地元の女性たちで中には小学校の元校長先生も。世羅牛、豚、ベビーリーフなど世羅台地の豊富な食材をふんだんに使い、温かみのある手作り料理を提供している。世羅産こしひかりがお替わり自由で、女性たちとの会話も楽しい。事前に予約をすれば、お花見弁当などの仕出しにも対応してもらえるので、利用してみて。

Data

f HP

山のキッチン 里ごころ

やまのきっちん さとごころ

☎0847-24-0099

［平均予算］ 昼／1000円　夜／　なし

住 世羅郡世羅町別迫700-1 世羅の宿ひがし内
営 水～金曜11:30～13:30　休 土～火曜
席 テーブル30席　個 なし
C 可　E 可
禁煙
P 30台
交 尾道自動車道世羅ICから車で約12分

そば・うどん

粉からこだわる奥深い専門料理
打ちたての風味と喉越しは格別

創意工夫が施されたそばと天ぷらを個性派空間で味わう

東京でそばと天ぷらの修業を積んだ店主の笠岡良臣さんが、故郷の竹原で10年前にオープンした、知る人ぞ知る完全予約制のそば処。両親の家を改装した店内には、笠岡さんが長年集めた器や本、カメラマン時代の作品などを展示。手作りの机と椅子に着けば、まるで笠岡家に招かれているような居心地の良さだ。タイミングよく出される天ぷら、好みに応じ喉越しよく打たれたそば、予約制だからこその細やかなサービスは「今日は○○さんが来てくれる」と、心を込めてそばを打つところから始まる。多彩な貝を味わえる八寸ほか、一風変わったネギトロやアイスクリームの天ぷらなど、おいしいだけではない驚きや感動も、また来たいと思わせる理由だろう。

①そばと天ぷらがセットの「おまかせ天せいろ」2090円。セットに含まれる「ネギトロの天ぷら」はふわりとした食感が珍しく、これ目当てで訪れる客がいるほど人気　②店主の笠岡さんが一人で切り盛りする隠れ家的な店　③笠岡さんの「好き」が詰まった個性的な店内

Special

その場で網焼きが楽しめる「焼き貝」。写真はサザエ、ホンビノス貝、アワビ、シロバイ貝（2名分3000円、貝は仕入れにより異なる）。

彩り八寸&そば大全 3080円

毎朝手打ちする二八そばと、季節に応じた多種の貝を酒蒸ししたマリネ、串焼きなど多彩な味わいで仕上げた八寸のセット。店主の一押しは、貝の中で一際目を引く鴨肉のサイコロステーキ

Data

手打ち蕎麦　雨安居
てうちそば　うあんご

080-6891-9707

［平均予算］昼／2500円　夜／なし

住 竹原市下野町2297-8
営 11:00〜15:00 ※完全予約制　休 不定
席 テーブル10席　個 なし
C 不可　E 可
禁煙
P 10台
交 中通下バス停から徒歩10分、新開バス停から徒歩12分

もっちりしたコシが自慢！　熟練職人の技が光る手打ちうどん

①ざるうどんと天ぷらの盛り合わせがセットになった天ざる1300円。エビ、カボチャ、ナスなど6種の天ぷらが付いて、ボリューム満点　②趣ある木の看板が目を引く　③木と紺色を基調とした和モダンな店内。平日のみ提供されるうどん弁当900円も好評

Special

肉厚の南高梅をのせた梅おろし830円。シソ、大根おろし、ショウガが入り、さっぱりしているので特に暑い時期に人気。温、冷から選べる。

この道38年の岡野康平さんが営む手打ちうどんの店。長年の経験と熟練の技で生み出されるうどんは、常においしさを追求し、素材選びに妥協はない。たとえば、小麦粉はその時に最良なものを全国から選りすぐり、現在は最高ランクの「伊勢の響」と「金斗雲」をブレンド。エッジを効かせつつ、もっちり食感と国産小麦の豊かな風味を感じられる麺に仕上げている。だしには、鹿児島県枕崎産の本カツオ厚削り節、北海道利尻産の昆布、瀬戸内産のいりこなどを使用。ざるうどん、かまあげなど単品もあるが、天ぷらが付くセットメニューが人気だ。

Data

HP

饂飩屋 康平衛
うどんや こうべえ

☎084-924-1410

[平均予算]　昼／1000円　夜／なし

住 福山市王子町2-15-1
営 11:30～15:00（LO14:30）
休 水曜 ※祝日の場合は翌日休み
席 カウンター4席、テーブル20席　個 なし
C 不可　E 可　禁煙
P 8台
交 王子町バス停から徒歩2分

石臼で挽く在来そばを名人技で磨き上げた唯一無二の味

①両面焼いた肉厚鴨の肉汁と、鴨と鶏の団子が美味な鴨せいろ1400円。うれしいそば湯付き　②住宅街の立地に関わらず遠方からも客が訪れる。木製の看板は高橋名人の手描き　③2017年から平日も営業。土・日は混雑するため早い来店を

Special

春はアサリ、夏はすだちをあしらった旬蕎麦が名物。10～翌3月は大野産牡蠣に新田大根おろしを添えた牡蠣南蛮1500円が登場する。

そば打ち名人として全国的に知られる高橋邦弘さんに師事し、その技を受け継いだ二八そばを提供する。落実が早いために小粒で風味が濃くなる在来品種のそばの実を石臼で丁寧に挽いて使用。練り込み過ぎないことを心掛け、香り豊かで喉越しなめらかな食感に仕上げる。長野県「大久保醸造」の甘露醤油と濃口醤油に三年物の本枯節から引いただしを加える辛つゆと、同醸造の白醤油をベースに5種の魚介節から抽出しただしを合わせた甘つゆを、メニューにより使い分ける。まさに名人芸なその味は、一度食べれば虜（とりこ）になること請け合いだ。

Data

ひろしま　**蕎麦人**
ひろしま　そばびと

082-284-7723

［平均予算］昼／1000円　夜／2000円

住 広島市南区向洋新町2-2-5
営 11:00～14:30（LO14:00）※土・日曜11:00～19:30（LO19:00）　休 火・水曜
席 カウンター5席、テーブル12席、座敷8席　個 なし
C 不可　E 可　禁煙
P 6台
交 向洋新町一丁目バス停から徒歩2分

つるつるモチモチの熟成生麺　夜は予約制の酒場でお酒を楽しむ

①シンプルなかけうどん390円はコクのあるすっきりとした味わい。つゆは2種の昆布、イワシ、サバ、カツオ節、ムロアジなどをブレンドしたオリジナルの無添加だし　②広島駅から徒歩3分の好立地　③昼はセルフうどん、夜は居酒屋としても展開（予約制）

Special

つるつるモチモチの食感を追求した、喉越しの良い自家製麺。気温や湿度によって水分量を1％単位で調整し、季節ごとに麺の太さも変えている。

熟成自家製麺とさまざまな節で挽いた、こだわりのだしをシンプルに楽しむかけうどんや、麻婆うどん600円など豊富なメニューがそろう。麺には、厳選した小麦と瀬戸内の藻塩を使用し、毎日製麺するという。夜は予約制の酒場になり、店主が旬の食材を生かした料理に腕を振るう。好みに合わせて献立を作る「お任せコース」のみ提供。専属釣り師より一本釣りの新鮮な魚が手に入る日もあるので予約時に確認してみて。〆にはもちろん、打ち立てのうどんをいただこう。飲み物はビールや焼酎のほか、広島の地酒もおすすめだ。

Data

大和製麺
やまとせいめん

☎082-261-5560

［平均予算］昼／ 500円
夜／ 4000円

住広島市南区松原町10-22 第二潮ビル1F
営11:30～LO13:30、17:30～21:00（LO20:45）、水曜11:00～LO14:00 ※夜は予約制　休日曜
席テーブル30席　個なし
C不可　E可　禁煙（17:30～は分煙）
Pなし
交Ｊ広島駅から徒歩3分

各そばに適した産地のそば粉を使用したこだわりの一杯を

①試行錯誤で仕上げた笙幻（しょうげん）そば（野菜天ぷら付き）1720円。そばの実の皮が少し残るように挽かれ、喉越しの良さと香りの良さが際立つ人気の一品　②店内にはテーブル席やカウンター席のほか、そば打ち場も完備している　③2009年にオープンした名店

Special

サクサクのえび天が2本のったえび天そば1500円。3種のそばの中で最もそばの風味が楽しめる田舎そばは食欲を一層掻き立てる一品だ。

「そば本来の風味と食感を楽しんでもらいたいです」と話す店主のそばは、打つのが難しいといわれている十割そば。喉越しの良い更科そば、香りの強い田舎そば、喉越しと香り両方楽しむことができる店オリジナルの笙幻（しょうげん）そばの3種を提供。なかでも笙幻（しょうげん）そばは、ここでしか食べられないとあり、これを求めて市内外から多くの人が訪れる。セットには、ご飯や小鉢などが付くのがうれしい。また、そばごとにそば粉の産地を変えることができたり、温かいそばでも一度冷水で締めて食感を際立たせるなど、一杯一杯丹精込めて作り上げる。

Data

結喜庵

ゆうきあん

✆082-224-3957

［平均予算］昼／1500円　夜／2500円

住 広島市中区幟町8-15
営 11:30～14:30（LO14:00）、17:30～20:30（LO20:00）、日曜11:30～14:30（LO14:00）
休 不定　席 カウンター4席、テーブル22席、座敷14席
個 なし　C 不可　E 不可　禁煙
P なし
交 ㊍銀山町電停から徒歩5分

ラーメン

広島の麺事情は
年々進化中!
しのぎを削る
名店の一杯をどうぞ

瀬戸内藻塩が生きた〝こってり〟と〝さっぱり〟の二刀流

伝統製法で作られる、上蒲刈島産「海人の藻塩」を効かせた塩ラーメンが評判。肝になるのは同藻塩や岩塩など3種の塩に20種以上の乾物や調味料を加えて作る特製の塩ダレだ。このタレに豚骨と鶏ガラ、香味野菜を7時間煮込んだスープをマッチさせた「背脂藻塩らーめん」と、タレに瀬戸内産の煮干しダシとキレのある醤油を合わせた「淡麗藻塩らーめん」が看板メニュー。こってり味の前者にはよく絡む中太縮れ麺を、さっぱり味の後者には歯切れの良いストレート細麺を用いている。ほか、エビ油が香る「海老藻塩らーめん」や徳島県産バラ海苔がふんだんの「海苔藻塩らーめん」もあり、卓上のレモスコやにぼし酢をプラスして違った味わいも楽しめる。

①一杯で物足りない人は、和え玉150円の注文を。味付きなので油そばのように食べるのも、スープに入れて二杯目として楽しむのも良い　②祇園の人気ラーメン店『スター＆プラチナ』がプロデュース　③瀬戸内の波をイメージしたカウンターが映える店内

Special

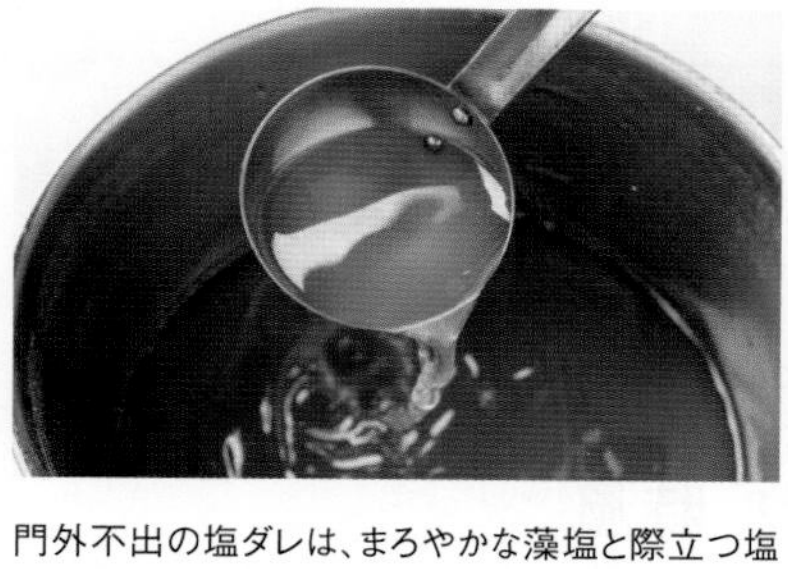

門外不出の塩ダレは、まろやかな藻塩と際立つ塩味の岩塩を混ぜて味のバランスを取り、干しエビ、椎茸などの乾物で甘みとうま味をプラスする。

Data

瀬戸内藻塩らーめん　**シオノセカイ**
せとうちもしおらーめん　しおのせかい

☎082-554-5404

［平均予算］昼／1000円　夜／1000円

住広島市中区広瀬北町7-14 松村ビル1F
営11:00～14:00(LO13:45)、18:00～21:00(LO20:45)
休木曜
席カウンター13席　個なし
C不可　E不可　禁煙
P3台
交広寺町電停から徒歩3分

背脂藻塩らーめん 840円

タマネギの香味油とたっぷりの背脂が、こってり味の決め手。自家製チャーシューの肉感と白髪ネギの歯ざわり、柚子皮が爽やかで食欲をそそる。揚げガーリックでジャンクに味わうのもおすすめ

アナゴの風味がクセになる新しい魚介系ラーメンの誕生

①名物のあなごラーメン800円は、塩と醤油から選べる。替玉は150円。チャー玉丼や鶏皮ポン酢、四川風牛モツ煮などサイドメニューも　②向洋駅から徒歩1分、アナゴが描かれた真っ赤なのれんが目印　③元気いっぱいの女性スタッフが迎えてくれる

Special

醤油ベースにトマトソース、豚と鶏の熱々スープのつけダレで食べる濃厚トマトつけめん850円。完熟トマトと大葉ジェノベーゼがアクセントとなった一杯。

魚介系でも珍しいアナゴを使ったラーメンが味わえる店。「広島名産のアナゴでラーメンを」と、店主が一年以上試行錯誤を繰り返し完成した一品だ。丁寧に下処理したアナゴのアラから取るスープは、臭みがなく上品で吸い物のような味わい。豚骨スープと合わせるとコクのあるスープになり、歯応えの良い中太ストレート麺ともよくなじむ。仕上げのアナゴ油が、香りを引き立てている。チャーシューは低温調理でしっとりジューシーに、キクラゲの食感もおもしろい。練りからしと白ネギをふんだんに使った辛ネギラーメンも人気。

Data

麺や 時風
めんや ときかぜ

082-578-0925

[平均予算]　昼／ 900円　夜／ 900円

住 安芸郡府中町青崎南3-15
営 11:00～14:00、17:00～21:00(LO20:30)
休 日曜
席 カウンター7席、テーブル8席　個 なし
C 不可　E 可　禁煙
P なし
交 Ｊ向洋駅から徒歩1分

試行錯誤の末に完成した汁なし担々麺を常に最上の状態で提供

1

①特製汁なし担々麺並盛880円。辛さは5段階　②持ち帰りブースでは、テークアウトが可能。汁なし担々麺はすぐ食べられるゆで麺と調理して食べる生麺が選べる　③カウンター席は対面にならないようテーブルを特注するなど最大限の感染対策を実施

Special

吟味された国内産の食材を使って作られる「味の匠」の餃子5個入り380円。素材がもつうま味が凝縮された一品で、まずはタレを付けずに味わおう。

3

2

10周年を迎えた汁なし担々麺の人気店。代表・秋本孝也さんの「特別なことは何も」という言葉には、理想とする味を提供し続けるための準備に一切手を抜かないことが当たり前、という気概がにじむ。使用する低加水麺は天候や湿度によって状態が変わりやすく扱いが難しいが、独特の食感の良さは常に維持。特注の中太麺に絡む肉そぼろは、独自の調理方法によって固くならない上にうま味を逃がさず、作りたてのおいしさが味わえる。ニンニクやタマネギなど、9種の食材の配合割合を試行錯誤の上に完成させた自家製ラー油も味の要だ。

Data

HP

赤麺　梵天丸　五日市本店

あかめん　ぼんてんまる　いつかいちほんてん

✆082-208-5366

［平均予算］　昼／1000円　夜／1000円

住広島市佐伯区五日市中央7-5-11
営月～水・金曜10:00～15:00、17:00～21:00、土・日曜・祝日10:00～15:30、17:00～21:00　※LO各15分前　休木曜
席カウンター9席、テーブル18席、座敷26席　個なし
C不可　E不可　禁煙(駐車場内も禁煙)
P13台　交五日市落合バス停から徒歩1分

心がホッと温まる北国の味　珠玉の味噌ラーメンを堪能

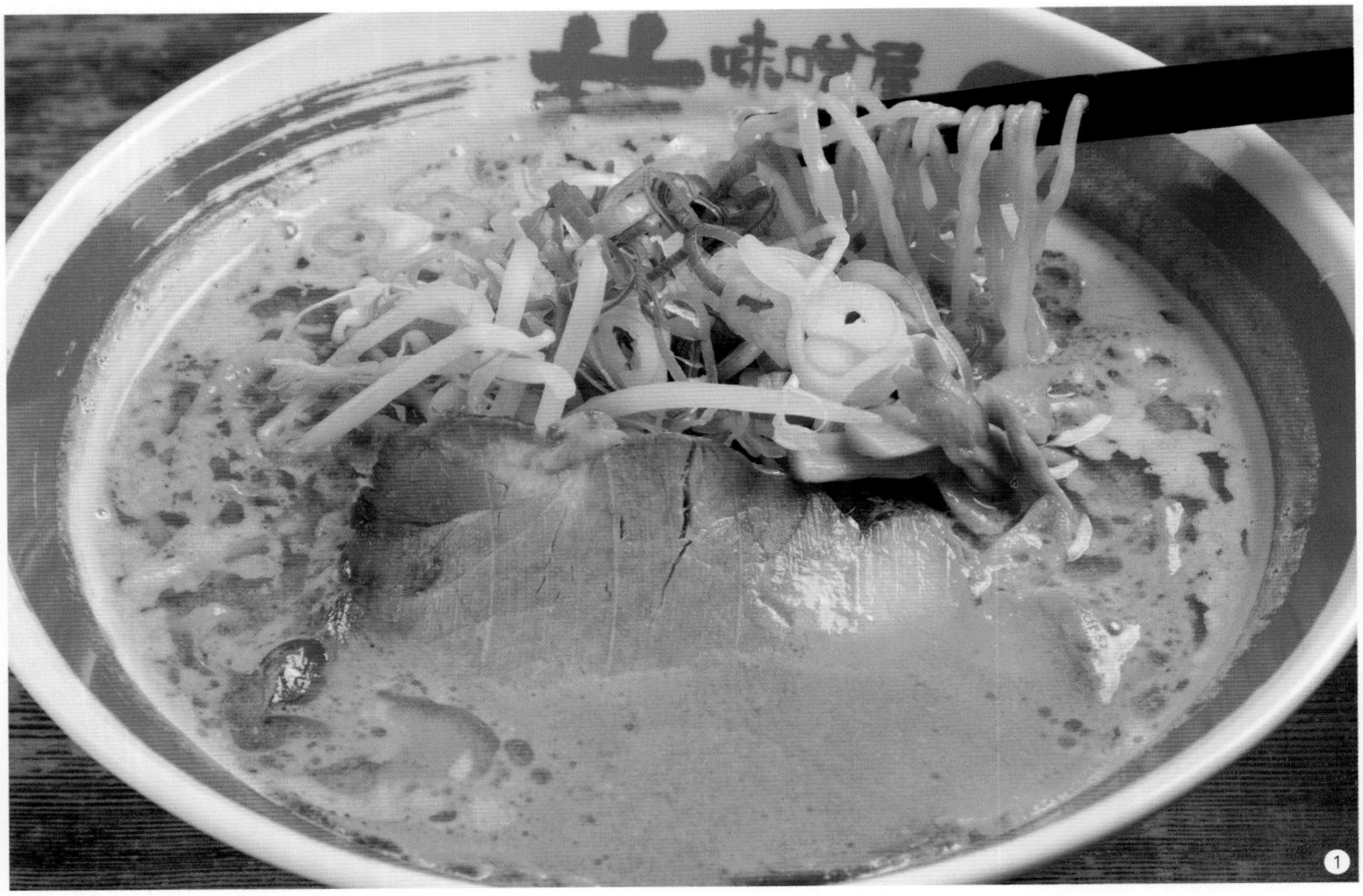

①人気の濃厚味噌ラーメン750円。チャーハンとセットも可能　②味噌蔵をイメージした存在感抜群の店構え　③店内はカウンター席とテーブル席を用意。味噌ラーメンの他、辛味噌、醤油などメニューはバリエーション豊か。気分に合わせて味を選べる

Special

汁なし担々麺塩味650円。塩系の新感覚汁なし担々麺。今までに食べたことがない、斬新かつ辛いのが苦手な方も食べれる魅力的な味。

広島ではなかなか味わうことができない、北海道名物の本格味噌ラーメンが食べられる。味の決め手となるのは、北海道産の白味噌や赤味噌など、数種をブレンドした特製オリジナル味噌。こだわりのスープは、豚骨ベースに鶏やリンゴ、野菜などを加え、さらに酒粕と豆乳をプラスするという。濃厚ながらも、上品でまろやかな味わいが特徴だ。特注のたまご麺がスープによく絡み、最後の一滴まで飲み干せる。より本場の味を楽しみたいなら、チャーシュー・とろ玉・バターコーンが付くスペシャルトッピング(+300円)がおすすめ。

Data

ラーメン 味噌屋　蔵造
らーめん みそや　くらぞう

☎082-876-3453

［平均予算］昼／ 800円　夜／1000円

住広島市安佐南区緑井6-7-7
営11:00～24:00(LO23:30)
休火曜 ※祝日の場合は翌日休み
席カウンター16席、テーブル22席　個なし
C不可　E不可　禁煙
P16台　交J七軒茶屋駅から徒歩13分、または下八木バス停から徒歩3分

豊富なメニューがうれしい　伝統の味を守り続ける老舗

①富士見町にお店を構えていた時から変わらない、広島ラーメン。他にも、牛すじ煮込み680円や豚足680円など、リーズナブルなメニューが並ぶ　②赤いのれんと看板が目印　③ゆったりとして明るい店内は一人でも入りやすい。10名で使用できる個室も

Special

この店の名物、もやしチャーシュー 880円。モヤシの山の上に、たっぷりのチャーシューがのる。これ目当ての常連もいるほどの人気の一品。

昭和27年創業という広島ラーメンの老舗は、今も伝統の味を一筋に守っている。その代表格のラーメン730円は、広島ラーメンの定番の醤油豚骨スープであっさり風味。飲んだ後の胃袋にやさしい味だ。サイドメニューが豊富なこともこの店の特徴。ガリ（豚喉の軟骨）680円や白肉天麩羅980円など、通常のラーメン店ではお目にかかれない品が並ぶ。また、10名で使用できる個室もあるため居酒屋感覚で利用できる。活気のあるアットホームな店内で、飲んで食べて笑って、最後にラーメンで〆る。そんな楽しみ方のできる店だ。

Data

中華そば　千番
ちゅうかそば　せんばん

082-241-1033

［平均予算］ 昼／1000円　夜／1000円

住 広島市中区流川町7-8
営（月〜金曜）11:00〜16:00、（火〜日曜）19:00〜翌4:00　休 土・日曜の昼、月曜の夜
席 カウンター7席、座敷20席　個 なし
C 不可　E 可　喫煙
P なし
交 広 胡町電停から徒歩5分

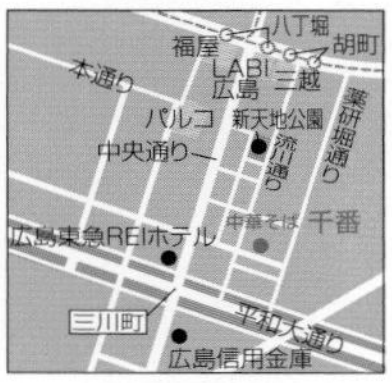

レトロな空間で
コーヒーを嗜みながら
心和むひとときを

もてなしの極意が随所に漂う　街の財産たる正統派喫茶店

ノスタルジックな店構えで、1978年の創業以来多くの人をとりこにしてきた。カウンター内のスタッフと同じ目線の高さになるよう設えた席や来店と同時に差し出されるクッションなど、細やかなもてなしに気持ちが満たされる。コーヒーは生豆で仕入れ、プロバット社製の焙煎機で毎日丁寧にロースト。熱風式のため煎りムラがなく、味と香りを均一に引き出している。さらに手作りの両面ネルでのハンドドリップするこだわり。おすすめはブラジルとコロンビア、グアテマラの豆を配合したブレンド。アイスコーヒーを自家製クリームで割ったアイスオーレや、一滴ずつ抽出し2日で4杯半しか取れない水出しコーヒー「琥珀の女王」なども要チェックだ。

①11時まで提供のモーニングセット880円も隠れた人気。イチゴ、ブルーベリー、アンズの3種のジャムとバターを好みで塗り分けてくれる　②オーナーの寺西隆幸さん。神戸のカフェ文化発祥の店「にしむら珈琲店」で研鑽を積んだ　③通りからも焙煎機が見える

Special

壁板やチェアには、強度が高く艶の美しいカリン木材が使われている。きらめくアンティークのシャンデリアや本革のメニュー表も必見。

カナディアンセット 1100円

厚切りハムと焼いた卵のサンドにコーヒー付き。ほんのり塩味が効いた自家製パンはサクッと食感。ソースやケチャップにワインなどを加えたカクテルソースとマスタードバターがアクセント

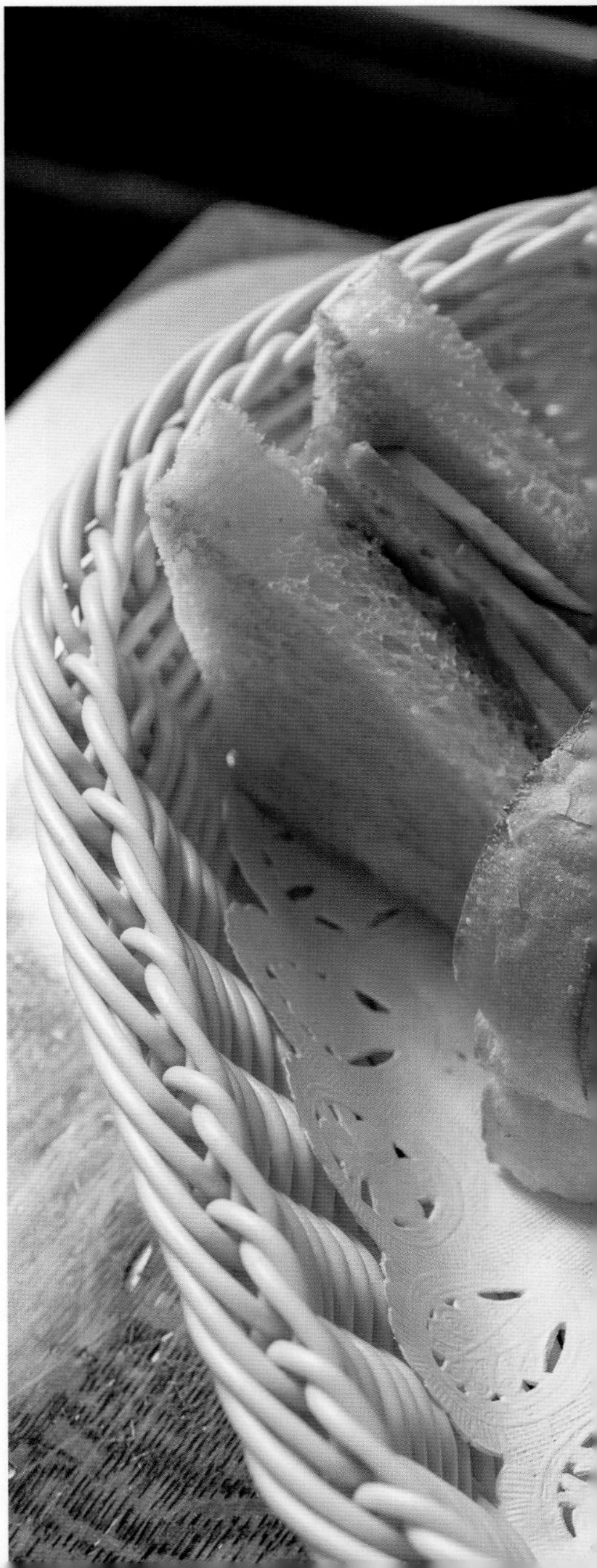

Data　HP

てらにし珈琲 本店

てらにしこーひー ほんてん

☎082-249-3850

[平均予算]　昼／1000円　夜／なし

住広島市中区宝町6-15
営8:00～18:30　休日曜・祝日
席カウンター―5席、テーブル17席　個なし
C不可　E不可
禁煙
P11台
交広比治山橋電停から徒歩8分

多種多様なお茶の楽しみ方に触れられる　洗練された空間

①紅茶専科のアフタヌーンティー3278円(限定20食)。スコーン、焼き菓子、ケーキ3種にオーガニックのドライフルーツ5種を添えて。お口直しに水出し紅茶があるのもうれしい　②落ち着いたカウンター席も居心地が良い　③星ビル1階にあるのれんが目印

Special

壁面に並ぶ桐の茶箱には、国内外から取り寄せた茶葉を保管している。オリジナルのブレンドティーだけでも70種以上にもなるという。

世界各地から取り寄せた最高品質の紅茶が楽しめる専門店。ティーマイスターが、時間と手間をかけてブレンドしたオリジナルティー、ハーブティーなどを約60種そろえる。お茶に合う水を追求し、「水を磨く」と表現する独自の方法で浄化。磨き上げられた水は適度なミネラルと豊富な空気を含むことで、茶葉本来の特質を引き出し、ここでしか出合えない唯一の味を生み出す。手作りのスイーツと一緒にいただいて。お茶ベースのカクテルや軽食などもあり、バラエティー豊かなお茶の世界を満喫したい。

Data

紅茶専科 紅一門

こうちゃせんか　べにいちもん

082-240-1005

[平均予算]　昼／2000円　夜／2000円

住 広島市中区紙屋町1-6-9 星ビルB1F
営 11:30〜21:00(LO20:00)
休 月曜 ※祝日の場合は翌日休み
席 カウンター8席、テーブル26席　個 なし
C 可　E 可　禁煙
P なし
交 広 紙屋町東電停から徒歩5分

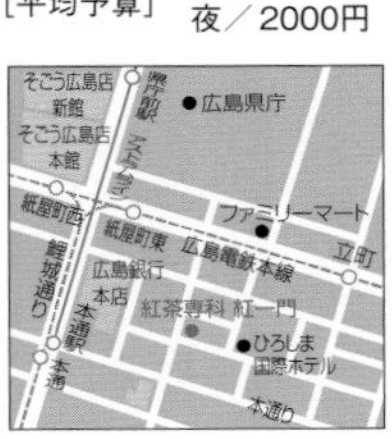

体に優しい食材のみで作る　エネルギーあふれるランチ

①ボタニカランチ1800円。ドリンクセット2200円～、ドリンク&デザートセット2600円～　②たけはら町並み保存地区にある。緑いっぱいのエントランスを通って店内へ　③生花やペーパーフラワーが飾られた癒やしの空間。眺めの良い2階にはソファ席を用意

Special

一汁三菜ランチ1200円。豆腐入り煮込みハンバーグのほか、奈良漬やきんぴらなどの副菜も手作り。お米も竹原産で、白米か玄米から選べる。

「体にやさしいものを食べて、エネルギーをチャージして」と話す店主・濱田万里さんのおすすめは、植物性食材のみで作るボタニカランチ。梶谷農園のハーブと季節野菜のサラダや見た目も華やかなエディブルフラワーはオリジナルのドレッシングで。地元産無農薬野菜を使ったマッシュポテトのほか、ビーフの代わりにマッシュルームが入ったマッシュルームストロガノフやソイミートの唐揚げ、車麩のカツなど、肉不使用とは思えないボリュームにも驚かされる。メニューは不定期で変わるため、どんな料理に出合えるか楽しみに訪れたい。

Data

オーガニックテーブル　**ボタニカ**

おーがにっくてーぶる　ぼたにか

0846-22-4684

住 竹原市本町3-9-2
営 11:00～15:30（LO14:30）　休 不定
席 テーブル20席　個 なし
C 不可　E 可
禁煙
P 3台
交 J竹原駅から徒歩15分

［平均予算］　昼／1500円　夜／なし

懐かしさを感じる空間で　自分だけの特別な時間を過ごす

②

③

①

①クリームソーダ（メロン・ブルー・ハチミツレモン）600円、喫茶店のプリン350円。自家製レモンシロップで作るレモンスカッシュやレモネードも好評　②店内の花を使ったワークショップも開催　③ガラス張りで開放感のあるお店。外を眺めながらのんびりと

Special

自家製チーズケーキ600円。チョコレートとラズベリー、季節の果物を使った限定品など、さまざまな組み合わせで常時5種ほどが並ぶ。

この場所にあった純喫茶を譲り受けた店主の武石七海さん。昭和レトロな雰囲気を残す重厚なカウンターやテーブルなどはそのままに、天井を覆いつくすようにドライフラワーで飾り付け、明るく華やかな空間を生み出した。おすすめは、卵をたっぷり使った喫茶店のプリン。やさしい味わいで、カラメルのほろ苦さとツルリとした食感にどこか懐かしさを感じる。ほかにもバタートースト350円～など軽食メニュー、武石さんの出身地である大分県の『豆岳珈琲』から取り寄せるブレンドコーヒーで作る、コーヒーゼリー600円も人気だ。

Data

喫茶 七ツ星

きっさ ななつぼし

080-3894-7713

［平均予算］　昼／　800円　夜／　なし

住 呉市本町12-18
営 11:00～16:00　休 不定
席 カウンター3席、テーブル22席　個 なし
C 不可　E 可
禁煙
P なし
交 本通り3丁目バス停から徒歩5分

卓上で淹れる自家焙煎コーヒーで至福のひとときを演出

①ドリップコーヒー（バリスタドリップ）480円。1週間以内に少量ずつ自家焙煎した豆のみを使用するため香りが抜群。自分で淹れたい場合はセルフドリップ460円で
②三篠小学校のすぐそば
③無料Wi-Fiやコンセント完備でPC作業もOK

水で研いだタンザニアンゴロンゴロの生豆をダブル焙煎したコーヒーは、欠点豆を丁寧に取り除いているためすっきりとした後口。バリスタが各テーブルでハンドドリップし、挽きたて、淹れたての豊かな香りと共に特別な時間を演出してくれる。またベジタリアン向けのメニューが充実しており、特に卵・乳製品不使用のスパイスカレー780円はヴィーガン（完全菜食主義者）でも安心。誰でも楽しめるようにチキン（＋120円）などのトッピングも用意する。夜はタップから注ぐクラフト生ビールを、手作りスペアリブやラペをお供に楽しんで。

Special

卵不使用のベイクドチーズケーキ480円。しっとり滑らかな食感になるよう冷やし過ぎず提供。ミックスベリーソースでデコレーション。

Data

CAFÉIZM

かふぇいずむ

☎082-237-1912

［平均予算］昼／1000円　夜／2000円

住 広島市西区三篠町1-8-2 酒井ビル1F
営 9:00～22:30（フードLO22:00）
休 月曜、不定 ※月曜が祝日の場合は営業、翌日休み
席 カウンター4席、テーブル10席　個 なし
C 可　E 可　禁煙
P なし
交 Ｊ横川駅から徒歩6分

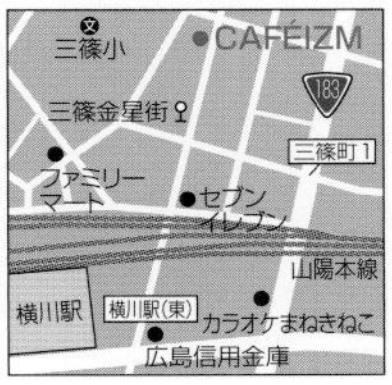

パン

毎日をハッピーにしてくれる
ふんわり食感と
焼き立ての香り

数種類の小麦をブレンドし個性が際立つパンをそろえる

海田市駅北口からすぐ、「パン屋」の看板が目を引く店。大阪や愛知で修業を積んだ店主の田中純二さんが、地元で念願の店をオープンした。厳選した素材を使う中でも、特にこだわるのは小麦。約10種の小麦を常備し、パンに合わせて数種をブレンドし焼き上げている。小麦の風味や香りが良いシンプルな食パンやバケットもおすすめだが、総菜パンにも力を入れているという。たとえば「大人の鯖パン」は、焼き鯖にキャベツの酢漬けを合わせ、青唐辛子をアクセントに添えたパンで、一皿のメーン料理を食べ終えたかのような充実感を味わえる一品だ。「すべての料理をパンで再現したい」と研究熱心な田中さんは、常時50種あるパンを日々進化させている。

①純食パン400円(一斤)は、ほんのり甘めの食パン。生食で味わうのも良いが、トーストしたときの口の中で溶けるような軽い食感を楽しむことができる店長の自信作　②白地に黒文字の看板が目印　③豊富な種類のパンが並ぶ店内。お昼前に訪れるのがおすすめ

Special

豊富な種類の中でも、ほとんどのパンに使っているのが石臼挽きの小麦粉。ゆっくりと丁寧に挽かれた小麦は、パンを香り高く風味豊かにする。

Data

パン屋 純

ぱんや じゅん

082-516-5550

[平均予算]　昼／1000円　夜／なし

住 安芸郡海田町稲荷町14-9
営 9:00～19:00　休 不定
席 なし　個 なし
C 不可　E 不可
禁煙
P 2台
交 JR海田市駅から徒歩1分

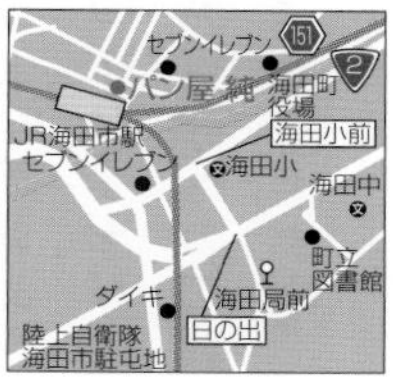

大人の鯖パン 290円、**パン屋のスコーン** 180円～、**クリームパン** 200円、**季節のロデウ** 380円

イーストを使い膨らませた、その名の通りのパン屋のスコーン。サクッとした食感ながらパサつかず、ほんのりとした甘さが魅力。外はカリッと中はもっちりのロデウは、旬の味覚が詰まっている

美しい断面と甘さにうっとり！　一口サイズのフルーツサンド

①ピンクグレープフルーツとオレンジを挟んだシトラス550円、弾ける食感のシャインマスカット650円（各2個入）。食べやすさに配慮しパッケージも試行錯誤　②2021年8月に移転オープン　③黒と白を基調とした店内。オリジナルの保冷バッグも販売

Special

北海道濃縮乳を使った因島産はっさくシェイク680円。ソフトクリームをのせると880円に。ハッサクのほのかな苦味とチョコレートが好相性。

断面の美しさとやさしい甘さが話題のフルーツサンド専門店。ショーケースには、旬の果物を使ったものを中心に12～13種のサンドイッチが並ぶ。「フルーツサンドを手土産にしたい」と、フルーツの配列にまで気を配るなど改良を繰り返し、お客様の期待に応えるものを作り続けてきた。自家製の生クリームは軽い口当たりで甘すぎないため、たっぷりなのにペロリと食べられると評判だ。イチゴ、イチジク、マロンなど季節商品が多いが、チョコバナナ、コーヒーゼリーなど年中ある定番商品も。自分へのご褒美や大切な人への贈り物にもおすすめ。

Data

Instagram / Facebook / HP

café de unru　幸せのかけら

かふぇ ど あんりゅ　しあわせのかけら

084-923-6836

［平均予算］昼／1500円　夜／なし

住 福山市伏見町4-31
営 11:00～17:00　休 火曜
席 なし　個 なし
C 可　E 可
禁煙
P なし
交 J 福山駅から徒歩3分

水分多め&長時間発酵で〝次の日もおいしいパン〟を追求

①プレーンベーグル150円、クリームパン160円、師匠のバゲット280円、パン・ド・ロデヴ（ハーフ）175円など。こだわりの品々が並ぶ　②場所は神辺高校の前　③シンプルな内装がパンを引き立てる。順次焼きあがるので、商品が豊富な11時頃が狙い目

Special

国産小麦100%の湯だね食パン320円は、生地に小麦粉とほぼ同量の水を入れ、もっちりとした食感を実現。全粒粉入りの角食パン260円も人気。

パン激戦区として知られる福山市に、2021年3月新たなベーカリーが誕生した。『Tsuginohi』という店名に込めたのは、店主・森﨑公彦さんの「次の日もおいしく食べられるパンを作りたい」との思い。水分量多めの生地を、一日かけてゆっくりと発酵させることで、翌日まで風味が長持ちするパンを目指している。焼きあがったパンは、小麦のほのかな甘みとモチモチとした食感が特徴。店頭にはハード系から菓子パン、総菜パン、食パンまで、毎日70～80種が並び、多彩なラインアップにどれを買おうか迷ってしまう。

Data

Tsuginohi
つぎのひ

084-967-5867

［平均予算］昼／800円　夜／なし

住福山市神辺町川北318-1 パンプキンシティー1F
営8:00～17:00　休月・火曜 ※祝日の場合は翌日休み
席なし　個なし
C不可　E可
禁煙
P5台
交Ⓙ神辺駅から徒歩15分

季節の野菜や果物を自家製酵母でふっくらと焼き上げる

①たっぷり野菜のバジルソース238円、くるくるナッツ245円、ベジパン3種各98円など、季節の野菜や果物をテーマに天然酵母で焼いた品々　②自宅併用店舗のため「生地を寝かせた翌朝一緒に起きます」と店主　③丹精込めたパン約50種が並ぶ

Special

フランス語で「田舎パン」を意味するカンパーニュ343円は定番人気。「自然素材だったらなんでも酵母にできる気がします」とオーナーの藤山さん。

ワクワクする品ぞろえをモットーに、藤山佐知子さんが自然産品から育てる自家製天然酵母のパンを作る。材料には、ドイツのライ麦やフランスのチョコレートを使用するなど、本当に良いと思えるものを国内外から厳選。またパンのうま味を引き出すために富士山の溶岩石を炉床に使った石窯オーブンで焼き上げるなど、パン作りへのこだわりがうかがえる。店内には、ハード系のパンを中心に自家製野菜をふんだんに使ったものなど、40〜60種のパンが並ぶのも魅力だ。テラス席もあり、飲み物を持ち込んでイートインできるのがうれしい。

Data

La pain JouJou

らぱん じゅじゅ

0829-20-4338

[平均予算]　昼／1000円　夜／なし

住 廿日市市物見東1-7-24
営 10:00〜17:00 ※売り切れ次第終了
休 日・月曜・祝日
席 テラス7席　個 なし
C 可　E 可　禁煙
P 3台
交 J前空駅から徒歩10分

特産の魅力を形を変えて発信　仏伝統製法のオリーブ酵母パン

①全粒粉とライ麦のカンパーニュ、噛むほどに味があるブロン。オリーブオイルブリオッシュはほんのり甘く、ライ麦ひまわりは香ばしさが特徴　②店舗は民家を改装。庭先でオリーブの木が揺れる　③江田島、能美島、大黒神島をモチーフにしたカウンターが印象的

Special

窯は陶芸家に譲り受けたレンガなどを用いて製作。店づくりに際し、クラウドファンディングで協力した支援者の手形や名前が刻まれている。

江田島の地域おこし協力隊員として活動してきたオーナーが、人気ベーカリー『ドリアン』でフランスの伝統製法に基づいたパン作りの技術を習得し開店。パンのもとは、オリーブを発酵させた酵母に小麦と水を継ぎ足すルヴァン種。酵母と乳酸菌が生きた種は、北海道十勝産の小麦粉や天然塩、江田島の清涼な地下水といった厳選材料とともに滋味深い味を作り出している。作業の一つ一つに丁寧な手仕事が光るパンはハード系が中心なので、自宅で和洋総菜と合わせてみて。イートインではスイーツやドリンクを楽しむのもおすすめ。

Data

しまのぱん　**souda!**
しまのぱん　そうだ

☎なし

［平均予算］昼／1000円　夜／なし

住江田島市大柿町大原1637-1
営11:00〜17:00　休火〜木曜
席座数8席　個なし
C可　E可
禁煙
P5台
交大柿高校前バス停から徒歩5分

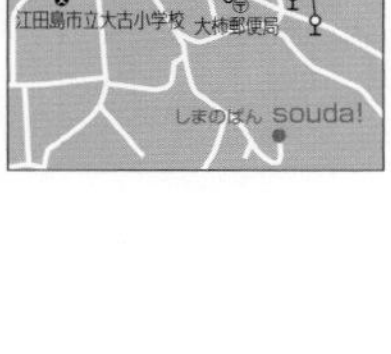

HIROSHIMA A GOURMET

洋菓子

美しい見た目は心も満たす、
幸せ感じる甘いご褒美を

上質な素材で丁寧に作る絶品の生菓子と焼き菓子

「人が集まる場になるようなカフェを開きたい」というオーナー小浦由子さんの夢を叶えるべく、店舗の内装工事はご主人と息子さんが担当し、壁塗りも自分たちの手で行った。娘さんたちは店で由子さんをサポートし、愛犬イヴはロゴやクッキーの形で貢献。家族全員の力を結集した店だ。生菓子は日替わりで3〜6種、焼き菓子は5〜7種の展開で、イートインとテークアウトの両方が可能。国産小麦粉や砂谷牛乳を使用し、香り高い高級茶葉を使ったクッキーも人気が高い。レモンスカッシュなどのドリンクも自家製シロップを使い、非加熱で作るなどこだわりを感じる。「出したいお菓子もまだまだあるしランチも挑戦したい」と、由子さんの夢は広がる。

①店内入り口すぐの焼き菓子コーナー。マリアージュフレールのアールグレイインペリアルをぜいたくに使った紅茶のディアマンクッキー290円などが並ぶ　②店舗設計は広島の店舗デザイン事務所『ninaite』が担当　③白を基調としたナチュラルな雰囲気

Special

フロランタンやスノーボールなど、6種の焼き菓子を一度に楽しめるクッキー缶2500円。自分へのご褒美や手土産として人気の商品。

Data

うちのおやつ

うちのおやつ

☎082-962-1390

[平均予算]　昼／1000円　夜／なし

住 広島市西区三篠町3-9-17
営 11:00〜17:00（イートイン11:00〜LO16:30）※売り切れ次第終了　休 不定
席 カウンター3席、テーブル6席　個 なし
C 不可　E 不可
禁煙　P なし
交 三滝口バス停から徒歩1分

生菓子300円〜（イヴのカップシフォン、カップシフォン、クッキーシューなど）

愛らしいクッキーがのったシフォンケーキに、インドネシア産無農薬栽培バニラビーンズを使ったカスタードと、生クリームがたっぷりのクッキーシュー。その他、季節によって変わるものも

素材を生かしたやさしい味わいのおやつが並ぶ緑の中のケーキ店

①『三国ぶどう園』のブドウを使ったピオーネのサワークリームタルト440円や、『木次ヨーグルト』を使ったレアチーズケーキ390円など、季節によってさまざまなケーキがそろう　②店舗の隣には40席ほどのテラス席を用意　③手土産に喜ばれそうな菓子がずらり

Special

高千穂発酵バターを使用したバターサンド240円はファンの多い一品。ほろりとしたクッキーと軽めのバタークリームの相性がクセになる。

植物専門店『ｌｅａｆ＋』の敷地内にある、かわいらしい小さなケーキ店。瀬戸内産小麦に、高千穂発酵バター、北海道産生クリーム、旬のフルーツなど、厳選した素材を使って作るケーキが約10種、焼き菓子は15種が店内に並ぶ。「おいしい材料でシンプルに。幅広い方に好かれるような、やさしい口溶けのお菓子を作っています」と話す店主の野崎美絵さん。購入した商品などは、『ｌｅａｆ＋』で提供するドリンクと共に、開放的なテラス席で食すこともできる。自然いっぱいの景色を眺めながら、ぜいたくなおやつタイムを過ごしてみて。

Data

SIRO　～ cake ～

しろ　けーき

☎080-3890-3414

[平均予算]　昼／2000円　夜／なし

住 広島市安佐北区安佐町久地日の奥3520-80
営 10:00～16:00　休 火・水曜
席 テーブル40席　個 なし
C 可　E 可
禁煙
P 50台
交 広島自動車道広島北ICから車で約15分

情緒ある街並みが残る通りで　厳選素材で作る焼き菓子を

①栗とクルミのタルト550円、シュークリーム350円、ムクノプリン350円、季節ごとに変わるタルトは旬の味覚を詰め込む。ラム酒香るプリンは大人がはまる味　②夜は6名までの完全予約制フレンチレストランを営む　③築約100年の建物をリノベーション

Special

卵は、鶏の飼料からこだわり、臭みがなく、風味豊かでコクがある世羅町の「ふみちゃん家のたまご」を使用。カスタードやプリンでその実力を発揮。

東京の有名店で修業を重ね、地元の三次に戻り夫婦で店を構えた福間大地さん。「こだわりのある地元の食材をぜいたくに使い」と自身が惚れ込んだ食材をぜいたくに使い、妥協のない菓子作りをしている。オープン直前まで窯に入れてサクサクに仕上げたシュー皮に、注文を受けてからクリームをたっぷり詰めるシュークリーム、「三次はちみつ園蜂家」の蜜ろうを使ったカヌレ、徳島県「山上ファーム」のニンジンを使ったキャロットケーキなど、菓子それぞれが語り尽くせない物語を持っている。開店2時間で売切れもあるので、早めの時間に訪れたい。

Data

muk
むく

☎0824-62-0303

［平均予算］昼／2000円　夜／なし

住三次市三次町1144-1
営焼き菓子販売12:00～15:00　※売り切れ次第終了、レストラン18:00～　※完全予約制　休月～水曜
席なし　個なし
C可　E可　禁煙
P20台
交もののけミュージアムバス停から徒歩5分

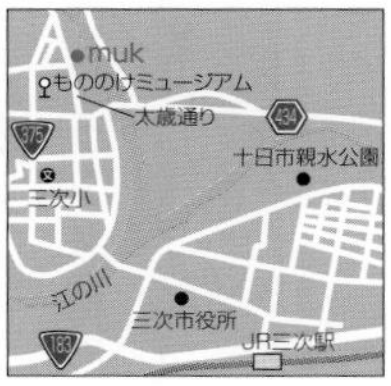

まるで秘密基地のような屋根裏風カフェで旬の洋菓子を

①日替わりのケーキと飲み物のセット。写真は一口食べると濃厚なチョコレートの味わいが広がるチョコとプラリネのケーキ（単品650円） ②床や柱など、居住スペースの名残りが見られる店内 ③ビル入り口の白いドアを入り、階段を上った先にある

Special

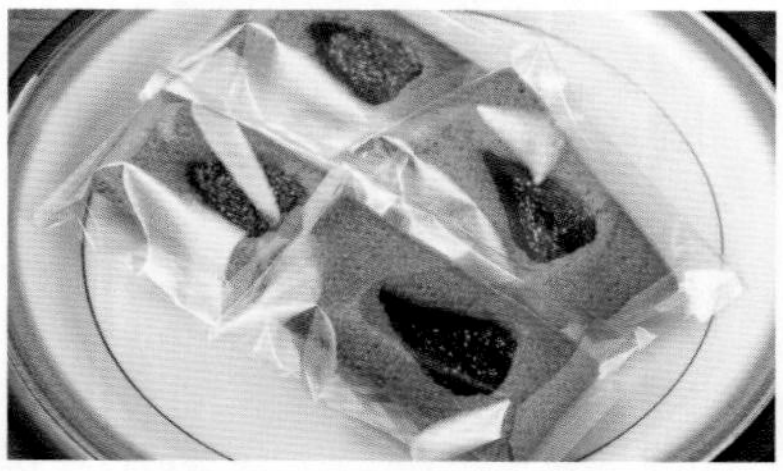

カウンターにはフィナンシェなどの焼き菓子（150～350円）が並ぶ。一つ一つ丁寧に作られたお菓子は、手土産にも自分へのご褒美にもぴったり。

古いアパートの4階にある一室をリノベーションしたカフェ。屋根裏部屋のような店内は、アンティークのミシン台に板を張ったテーブルや古道具の調度品などがセンスよく配され、ほっと一息つける落ち着いた空間が広がっている。フランス料理学校の名門「ル・コルドン・ブルー」で学んだ店主。本格的なフランス菓子の技法と、季節ごとの旬の果物を用いて作られるケーキは、一日に1～2種と数量限定。香りのよいフランス産紅茶やハーブティ、中国茶など、こだわりのドリンクと合わせて本格スイーツをゆっくりと堪能したい。

Data

Instagram f HP

抱 le four sous les toits

るふぉーすーれとわ

090-8609-5300

［平均予算］ 昼／1000円 夜／なし

住 広島市中区八丁堀12-8 YDビル401
営 13:00～17:00（LO16:30） 休 月・火曜
席 テーブル8席 個 なし
C 不可 E 不可
禁煙
P なし
交 広 八丁堀電停から徒歩3分

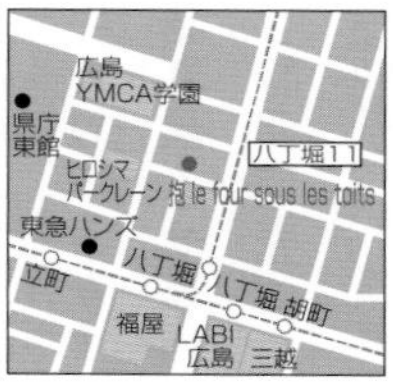

8蔵の日本酒と酒粕香る　酒蔵通りならではのチョコレート

1

①お猪口入りトリュフ1個475円。蔵の名前が入ったお猪口に日本酒トリュフが入っている。食べた瞬間にふわっと広がる、芳醇な日本酒の香りを楽しんで
②格子戸やなまこ壁が目を引く建物。クリーム色ののれんが目印
③チョコレートや焼き菓子がずらりと並ぶ

Special

洗浄、選別、乾燥、表皮剥きなど手作業で行われる。豆を砕いて焙煎し、すり潰した後に、熟成、テンパリングと、一つ一つ丁寧に仕上げている。

3

2

西条酒蔵通りから路地を入った一角に現れる築100年超の町屋は、大阪やフランスで修業した、ショコラティエ・三宅崇さんが営むショコラトリー。6カ国のカカオ豆を使用し、丁寧に作られるチョコレートが並ぶ。ひときわ目を引くのはお猪口入りトリュフ。西条酒8蔵の日本酒と酒粕を使用した滑らかで香り高いガナッシュクリームを、ホワイトチョコやビターチョコなどでコーティングした。見た目も味わいも違う8種のトリュフは、お土産や贈り物にもぴったり。併設する和室で、ドリンクと一緒に味わうのもおすすめ。

Data

御饌cacao
みけかかお

082-437-3577

［平均予算］　昼／1000円　夜／なし

住東広島市西条本町15-25
営11:00～18:00（ドリンク、イートインLO17:30）、土・日曜・祝日11:00～17:00（ドリンク、イートインLO16:30）　休月・火曜
席テーブル5席　個なし
C可　E可　禁煙　P3台
交Ⓙ西条駅から徒歩5分

和菓子

職人が丁寧にこしらえるのは、
手のひらサイズの和のこころ

伝統の技をアップデート　温故知新の甘味の顔ぶれ

中区鶴見町に店を構える『御菓子司 鶴屋』が手がける甘味処。店頭には自慢の焼き菓子や生菓子が並び、持ち帰りのほか店内で味わうこともできる。イートイン専用のメニューは、うどんなどちょっとした食事から、和パフェやお汁粉、あんみつといった甘味がそろう。純度の高い鬼ザラ糖を丁寧に溶かした蜜たっぷりのかき氷や、庄原産コシヒカリをついて香ばしい焼き目をつけた団子が人気だ。また、軟らかな求肥で旬の食材を包む生大福も評判で、冬から春にかけては柑橘類やイチゴ、秋には栗やイチジクと、珍しい味わいが特徴。日本茶のソムリエ資格を有するオーナーが見立てた京都宇治産抹茶や静岡産煎茶もそろうので、甘味と合わせて堪能できる。

①ピスタチオ大福432円。ピスタチオペーストを練り込んだ白餡にクリームチーズを合わせた独創的な一品。砕いた実をあしらいカリッとした食感も楽しめる　②袋町小学校道路向かい。組木風の店構え　③和モダンな内装は落ち着きのある空間を演出

Special

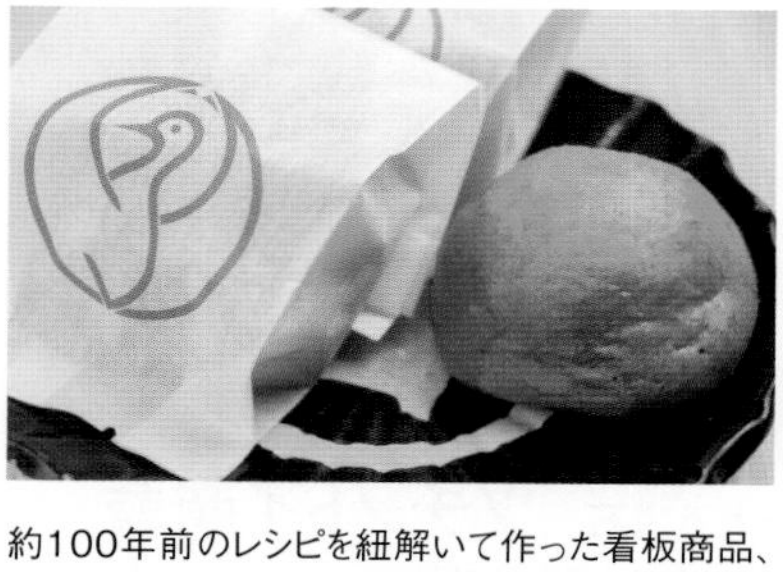

約100年前のレシピを紐解いて作った看板商品、一世紀鶴饅頭194円。小麦粉を極力減らした皮にすっきりした甘さのこし餡がぎっしり。

Data

茶房　つるや

さぼう つるや

☎082-245-2680

［平均予算］昼／2000円　夜／なし

住 広島市中区袋町4-5 渡辺ビル1F
営 11:00〜18:30（LO18:00）　休 なし
席 テーブル18席　個 なし
C 可　E 可
禁煙
P なし
交 広 袋町電停から徒歩2分

みたらし団子パフェ 735円

練乳のような濃厚さを持つ「トムミルクファーム」のミルクジャム入りソフトクリームに、みたらし団子の甘じょっぱさが相性抜群。北海道羊蹄山麓産の小豆で炊く粒餡や焦がしきな粉がアクセント

独特の食感と上品な甘み　自然素材で作る美しき琥珀糖

①いちじく、小夏、ボタニカル、コーヒーなどの琥珀糖（10g250円〜）。賞味期限は製造後3週間〜1カ月　②扉が閉まっていても工房で作業をしているので電話で連絡を　③ナチュラルな雰囲気の店内。尾道のアパレルブランド「1AN」のTシャツも販売

Special

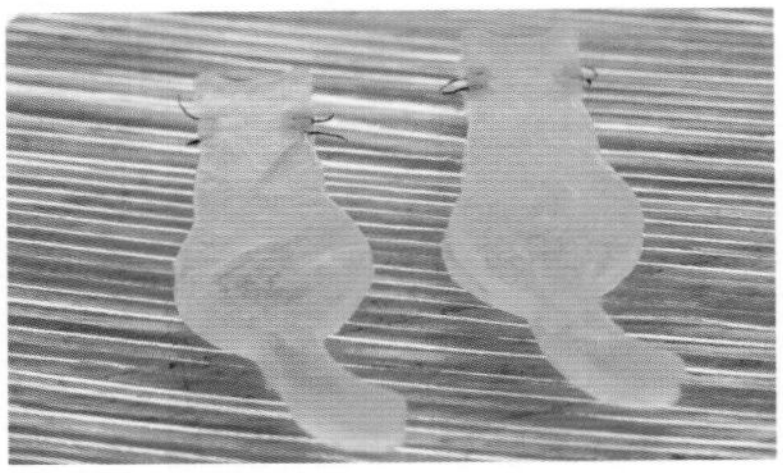

ネコハク1個400円。「尾道らしい商品を」と考案されたネコの形が可愛らしい。イラン産最高級のサフランを使用し、ネコのヒゲも見事に再現。

尾道の海岸通りに2021年オープンした、国産の寒天と砂糖から作る和菓子「琥珀糖」の専門店。果物や野菜、ハーブ、スパイス、花など自然の素材を使用し、香料、人工着色料、保存料は一切使わないのがこの店のこだわりだ。琥珀糖ならではの独特の食感も面白く、外はシャリシャリで、中はとろりと軟らかい。日替わりで6〜8種が並び、店舗の裏に工房を構えているため、作りたてを購入できるのもうれしい。宝石のように輝く美しい見た目と上品な甘さの和菓子は、大切な人への贈り物にはもちろん、自分へのごほうびにもぴったりだ。

Data

食べられる宝石　ツチノトイ商會

たべられるほうせき　つちのといしょうかい

050-3719-4054

［平均予算］昼／1000円　夜／なし

住 尾道市土堂1-17-15
営 11:00〜16:00 ※土・日曜、祝日は〜18:00
休 火曜、不定 ※祝日の場合は営業
席 なし　個 なし
C 可　E 可　禁煙
P なし
交 Ⓙ尾道駅から徒歩10分

昔ながらの製法とこだわりの素材で作る　福山の愛されおやつ

①おはぎ160円は、小豆、きなこ、よもぎの3種。餅米をあまり潰さず、あえて粒感を残しているのが特徴。高品質な砂糖「ごあん」を使うことで、あっさりとした甘さに仕上げている。きなこ団子は1本80円　②趣ある麻ののれんが目印　③純和風の落ち着いた店内

Special

人気の豆大福160円。余分な粉を落とすひと手間をかけることで、滑らかな口当たりに。彼岸の時期には1日600個売れることもあるそう。

平成元年の創業以来、地元で愛され続ける和菓子店。現在は創業者の孫が受け継ぎ、伝統の味を守りつつ、若い感性を取り入れた新しい商品開発にも挑戦している。定番のおはぎや豆大福には、宮崎産純100パーセントの餅米、北海道産の小豆、ザラメよりも粒が大きい砂糖の「ごあん」を使用。餡をたっぷり使いながらも口当たりは軽く甘すぎないため、毎日でも食べられると評判だ。また、春はいちご大福、夏はわらび餅、冬は焼き大福など、季節ごとの限定商品も登場。その日に販売する分だけを毎朝作るため、午前中に訪れるのがおすすめ。

Data

おはぎと大福とだんごの店　杉乃屋

おはぎとだいふくとだんごのみせ　すぎのや

084-922-5010

[平均予算]　昼／1500円　夜／なし

住 福山市南蔵王町2-10-14
営 9:30～17:00 ※売り切れ次第終了　休 月・火曜
席 なし　個 なし
C 不可　E 可
禁煙
P 6台
交 山陽自動車道福山東ICから車で約3分

昔ながらと新しさ　二つが融合した尾道のお菓子

①先代の技術と思いを引き継ぎたいと指導を受け、一枚一枚手作りするどら焼き162円。独特のコクと深みのある甘さが特徴　②栗原本通りを1本入った路地裏に佇む　③約1.5坪の売り場には季節を感じる菓子が並ぶ。おもちゃ箱を覗くような楽しさを演出

Special

7種の焼菓子が入る、たつみやのお菓子箱1296円。アーティスト小武家賢太郎さんが描く、尾道の四季を感じる絵葉書が添えられる。

地元の人に愛され、惜しまれつつ60余年の歴史に幕を下ろした『菓子司 多津美家』。その工房を引き継いだ店主の町出博和さんは、かつての店舗の裏に小さな店を構えた。扉を開けるとレトロなショーケースが訪れる人を出迎えてくれる。そこには素材の味を生かしたやさしい味の和洋菓子の数々が並ぶ。先代のレシピを使用した菓子は味わいはそのままに、パッケージに新しく若い感性をプラスした。懐かしい味を求める地元客や、口コミで知り訪ねてくる遠方客などさまざまな人でにぎわう。古き良きものを引き継ぐ尾道のお菓子処だ。

Data

尾道お菓子　たつみや
おのみちおかし　たつみや

☎090-3290-9478

[平均予算]　昼／1500円　夜／　なし

住 尾道市栗原西1-7-18
営 10:00〜17:00　休 日・月曜
席 なし　個 なし
C 可　E 可
禁煙
P 3台 ※うち小型車用2台
交 Ⓙ尾道駅から徒歩7分

両陛下へ献上された銘菓　厳選材料で作られる多彩な和菓子

①椿まんじゅう3個入り290円、白椿まんじゅう1個150円。上品な味わいに加え、洗練されたパッケージデザインも人気。常連から若い世代まで、幅広く愛されている　②ずらりと並ぶ商品の中からどれを買おうか悩むのも楽しい　③花木が訪れる人を出迎える

Special

椿路餅150円。軟らかな生地で希少な丹波産大納言のつぶあんを挟んだ。生地には、はちみつや伊豆大島産椿油、もち粉を加えしっとりと仕上げている。

呉市の市花である椿を冠した看板銘菓「椿まんじゅう」「白椿まんじゅう」は、平成元年に当時の天皇・皇后両陛下に献上され、手土産や贈答品として変わらぬ人気を集めている。椿まんじゅうは阿波和三盆を使用した生地で、北海道産小豆のこしあんを包む。甘過ぎず、餡の余韻が心地良く口の中に残る。白椿まんじゅうは、舌触りや風味が良い希少な高級豆、備中白小豆を使用した餡を包んでいる。創業から64年、「お客様に喜んでいただきたい」との思い一筋に、厳選した材料を使い、季節を感じられる和菓子を作り続けている。

Data

椿庵 博美屋　本店

つばきあん ひろみや　ほんてん

0823-22-1638

[平均予算]　昼／2000円　夜／なし

住 呉市中央5-8-15
営 9:00〜18:00　休 木曜
席 なし　個 なし
C 可　E 不可
禁煙
P 3台
交 中央6丁目バス停から徒歩3分

HIROSHIMA A GOURMET

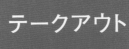

テークアウト

自分に、家族に、お持たせに、
とっておきの
あの味を持ち帰ろう

数少ないスペイン産生ハム専門店で魅惑の味を

世界三大生ハムの一つ、ハモンセラーノをはじめ、純血種のイベリコ豚を使ったグランレセルバベジョータなど、スペイン産生ハムを専門に扱う。バルセロナで世界的名店「エル・ブジ」にも生ハムを提供していたイベリコハム専門店「レセルバイベリカ」でその魅力に触れ、「多くの人にこの生ハムの味を知ってもらいたい」と、JR西広島駅近くに店を構えた。スペインで最高品質のイベリコ豚を使い、長期間熟成させて作られる生ハムを現地のスタッフが厳しい目で見極め、選んだものだけを仕入れて販売する。店では切りたてを10グラム単位で量り売りし、テークアウトは50グラム～。生ハムを使ったサンドやスペイン料理、スイーツ、ワインも並ぶ。

Special

しっかりとした食感のバルセロナプリンと、甘すぎずシンプルに仕上げたバスクチーズケーキ各550円（テークアウト540円）はスペインの伝統菓子。

①とろとろのモッツァレラとトリュフ、注文が入ってからスライスする生ハムを挟んで焼いたビキニサンド864円。焼きたてのためサクサクの食感がたまらない　②黒を基調とした外観に高級感が漂う　③生ハムが並ぶカウンターの奥がイートインスペースになっている

生ハム各種 10g216円～※テークアウトは50g～。写真は各50g

左上から時計回りに、48カ月熟成させた口溶けの良いグランレセルバベジョータ、白豚を材料にあっさりとした味わいのハモンセラーノ、デュロックとイベリコのハーフを使って作るハモンイベリコ

Data

レセルバ イベリカ ショップ

れせるば いべりか しょっぷ

082-961-3786

[平均予算] 昼／1500円　夜／1500円

住広島市西区己斐本町1-3-11
営11:00～21:00（LO20:30）
休火・水曜 ※祝日の場合は翌日休み
席テーブル10席　個なし
C可　E可　禁煙
Pなし
交Ⓙ西広島駅から徒歩すぐ

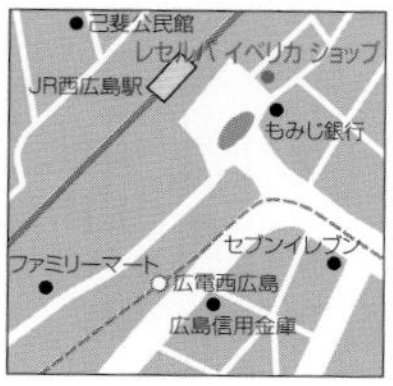

野性味あふれるジビエの自家製無添加ソーセージ

①3種の日替わりソーセージと目玉焼き、自家製マスタード、ポテト、ピクルスが付くソーセージ3本盛合せBOX1200円。鹿肉や猪肉など定番2種に遊び心のある1種が加わる　②明るいガラス張りの店頭　③店内はソーセージをイメージしたピンク色

Special

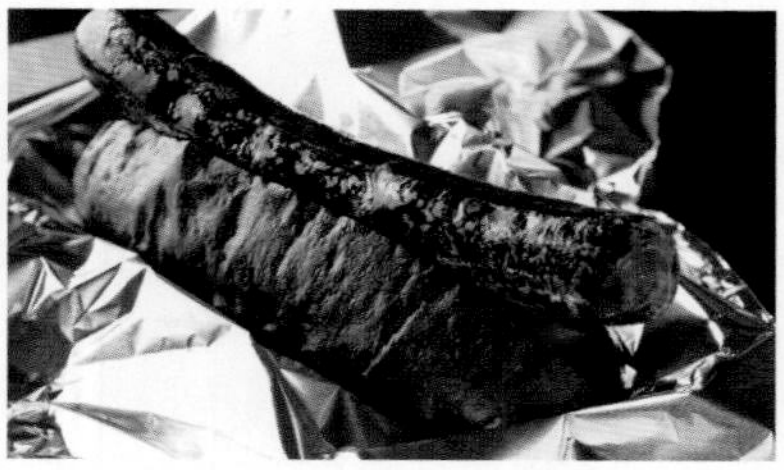

イカスミとスーパーフードのマカを練り込んだソーセージを、ココア風味の黒パンに挟んだ黒ドッグ900円。肉のうま味を増す昆布が隠し味。

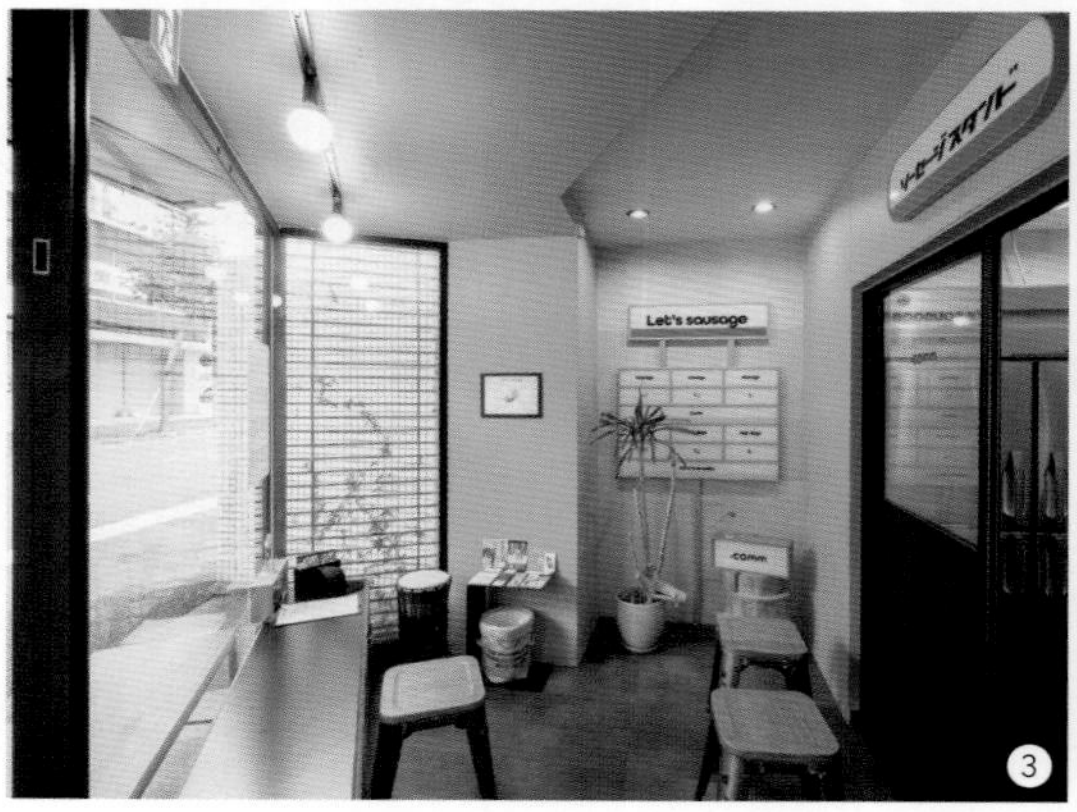

趣味で狩猟をしていたオーナーの中山浩彰さんが、自然界で生きているものを自然に近い形で食べられるジビエに魅了され、ジビエの食肉処理場を開いたのが2016年。イベント出店用にさまざまなジビエ料理を作る中で、最も面白味を感じたソーセージを専門に製造を始めた。材料は狩猟仲間から仕入れる広島県内の鹿肉や猪肉が中心。「自分たちがおいしいと感じるものを作ろうとしたら、結果的に無添加で体にもやさしいソーセージになりました」と中山さん。ソーセージにはあまり使わない部位も活用し、独自の味に仕上げている。

Data

.comm

どっとこみゅ

090-1417-1985 ※作業中以外対応可

［平均予算］昼／1500円　夜／なし

住 広島市西区観音町16-33 第一観音町ビル102
営 12:00〜17:00　休 火・水・木曜
席 なし　個 なし
C 可　E 可
禁煙
P なし
交 広 観音町電停から徒歩1分

お家でちょっとぜいたくに　気軽に楽しむフレンチのお総菜

①ランチボックス2160円。おまかせで定番の総菜とパンがセットに。いろんなものを少しずつ楽しめる　②ロゴにあしらったセミはプロヴァンス地方では幸福を呼ぶシンボルとされている　③レストランのオーナーシェフの審査で認められた料理だけが並ぶ

Special

スペシャルランチボックス2970円は、肉料理など、ワンランク上の総菜や、季節ものを使用した料理が入り、よりぜいたく気分が味わえる内容に。

フレンチレストラン『RESTAURANT TAILLA』の姉妹店。鴨のローストやパテ・ド・カンパーニュなど、本格的な料理がグラム単位の量り売りで手に入ると人気だ。常時20種前後の総菜が並び、料理との相性を考えてセレクトされたワインもそろう。一人前1620円〜注文できるオードブルも好評で、2160円以上は和牛ローストビーフなどのリッチな総菜も入る。予算や好みに合わせて内容を調整できるので、ホームパーティーやちょっとぜいたくな家飲みをしたいときなど、家での食事時間を華やかにしてくれる。

Data

Traittie
とれってぃ

090-3630-4070

[平均予算]　昼／1500円　夜／なし

住広島市中区十日市町2-7-14 衣笠ビル1F
営11:00〜17:00　休月・火曜、第2・4・5日曜
席なし　個なし
C不可　E不可
禁煙
Pなし
交広十日市電停から徒歩5分

①店では約9種のチーズを販売。それぞれのチーズに合わせたおいしい食べ方も教えてくれるので気軽に相談したい　②2014年8月に移転オープン。草原の中に現れる純和風の外観が目印　③木を基調とした明るい店内ではソフトクリームの注文も可能

Special

ヤギのミルクを使ったソフトクリーム400円はさっぱりとしたクセのない味わい。冬には濃厚な味わいのブラウンスイス牛のソフトクリームも登場。

自然放牧で育成する、スイス原産のブラウンスイス牛とヤギから毎朝搾るフレッシュなミルクを使い、フランスやイタリアの伝統的な製法を再現して作るチーズが並ぶ。フランスの国際チーズコンクールで銀賞を受賞した定番商品の「フロマージュ・ド・みらさか」は、熟成度合いによって味の変化が楽しめる。熟成初期は酸味があり、あっさりとした味わいだが、熟成が進むにつれて外側からとろけるような濃厚なチーズに変化する。また、旬の果物をチーズに練り込んで作ったデザート感覚で楽しめる「フロマージュ・ブラン」もおすすめ。

Data

f HP

三良坂フロマージュ

みらさかふろまーじゅ

☎0824-44-2773

[平均予算]　昼／1500円　夜／　なし

住三次市三良坂町仁賀1617-1
営10:00〜16:00　休日曜
席カウンター5席、テーブル8席　個なし
C可　E可
禁煙
P10台
交Ⓙ三良坂駅から車で約10分

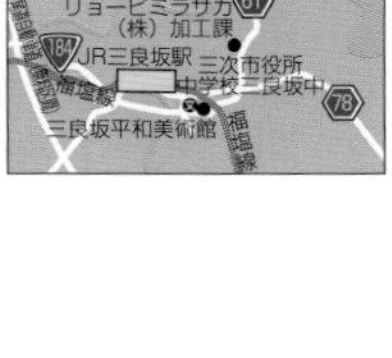

発酵がもたらす深い味わい　安心して食べられる手作り弁当

①一番人気の酵素玄米弁当800円のほか、種類豊富な弁当450円～が並ぶ。総菜を詰め合わせたこめのはなセット1500円は、晩ご飯のおかずにもぴったり　②店名は「糀」の漢字から着想を得た　③酵素や健康茶、店で使用する発酵調味料も販売

Special

生甘酒のスムージー420円は果物や野菜を使ったやさしい味わい。グリーン、トマト&パイン、ストロベリー&バナナ、アサイー&ブルーベリーの4種がそろう。

自家製の発酵調味料や甘酒を使った弁当、総菜、スムージーを販売。料理に使用する発酵調味料は、岡山県「高見味噌店」の生糀を用い、火を加えずに作るため、酵素が活性化し、食材のうま味を引き上げてくれる。なかでも人気なのは、酵素玄米の弁当。塩と小豆を加えて圧力鍋で炊いた玄米を3日間以上保温して発酵・熟成させて作る酵素。また、しお糀からあげやひしおコロッケなど、ヘルシーな総菜もそろうので、夕食用のおかずに購入する人も多い。大人も子どもも安心して食べられる料理の数々に多くのリピーターが足を運ぶ。

Data

こめのはな

こめのはな

☎082-521-5363

[平均予算]　昼／1000円　夜／1000円

住広島市西区楠木町2-4-14
営11:00～20:30 ※土曜は～18:00
休日・月曜・祝日
席なし　個なし
C不可　E可　禁煙
P1台
交JR横川駅から徒歩12分

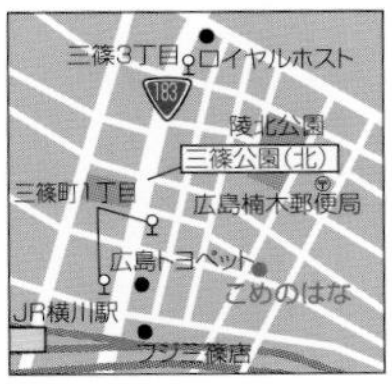

INDEX

A お店の名前でお店を探す

INDEX

エリアでお店を探す

広島エースグルメ2022

HIROSHIMA GOURMET A

2021年12月15日発行

発行人	田中朋博
編集	滝瀬恵子、斎原唯、芝紗也加、堀友良平
デザイン	前崎妙子、村田洋子
取材・文	浅井ゆかり、石川淑直、大須賀あい、大田亜矢、梶津利江 木坂久恵、舟木正明、村上由貴、門田聖子、山崎亜希子、山名恭代
写真	川崎志穂、中野一行、西田英俊、橋本高伸、橋本正弘 福角智江、藤川銀也、堀行丈治
編集アシスタント	佐々木菜都美、瀧本真由子
進行管理	菊澤昇吾
校閲	大田光悦
SPプランナー	山本速、西村公一、髙雄翔也、濱屋樹、新谷咲希
販売	細谷芳弘、菊谷優希
発行	株式会社ザメディアジョン 〒733-0011　広島市西区横川町2-5-15 TEL 082-503-5035　FAX 082-503-5036 ホームページ　https://www.mediasion.co.jp/
DTP製作	STUDIO RACO、M-ARTS濱先貴之
印刷・製本	中本本店

ISBN978-4-86250-725-9